MEMORIA E IDENTIDAD

MEMORIA
E IDENTIDAD

*Conversaciones
al filo de dos milenios*

Juan Pablo II

Publicado por primera vez en los Estados Unidos de América en el 2005
por:
Rizzoli International Publications, Inc.
300 Park Avenue South
New York, NY 10010
www.rizzoliusa.com

Título original:
Pamięć i tożsamość. Rozmowy na przełomie tysiącleci
© 2005 Libreria Editrice Vaticana, Città del Vaticano
© 2005 RCS Libri S.p.A., Milano
Publicado originalmente en italiano en el 2005 por RCS Libri S.p.A. -
Rizzoli, Milano

Editora, edición en lengua española, Estados Unidos: Chelo Álvarez

2005 2006 2007 2008 / 10 9 8 7 6 5 4 3 2 1

ISBN: 0-8478-2777-1
Número de control de la Librería del Congreso de los EE.UU.:
2005922010

Impreso y encuadernado en los Estados Unidos

ÍNDICE

NOTA DEL EDITOR

El siglo XX ha sido testigo de acontecimientos históricos que han marcado un cambio decisivo en la situación política y social de muchas naciones, con gran incidencia en la vida de los ciudadanos. Hace ahora sesenta años del final de la guerra que, de 1939 a 1945, involucró al mundo en una tragedia de destrucción y muerte. En los años sucesivos, la dictadura comunista se extendió a diversas naciones de Europa centro-oriental, mientras que la ideología marxista se propagaba en otras naciones del continente, así como en África, Latinoamérica y Asia. Además, el paso al siglo XXI se ha visto trágicamente afectado por la plaga del terrorismo a escala mundial: la destrucción de las Torres Gemelas en Nueva York ha sido su manifestación más impresionante. ¿Cómo no ver en todos estos acontecimientos la presencia activa del *mysterium iniquitatis*?

Sin embargo, junto al mal, no ha faltado el bien. Las dictaduras establecidas al otro lado del «telón de acero» no consiguieron sofocar el anhelo de libertad de los pueblos subyugados. En Polonia, a pesar de la obstrucción del régimen, nació y se consolidó el movimiento sindical conocido como Solidarnos´c´. Fue una señal de reanimación que tuvo eco también en otras partes. Y llegó 1989, que ha pasado a la historia como el año de la caída

del Muro de Berlín, comenzando rápidamente el desmorona-
miento de la dictadura comunista en las naciones europeas en
las que había dominado por decenios. El siglo xx ha sido también
el siglo en que muchas naciones, desde hacía tiempo bajo régimen colonial, han logrado su independencia. Han nacido así
nuevos Estados que, aun entre condicionamientos y presiones,
tienen ahora la facultad de decidir su propio destino. Hay que
recordar, además, la institución de varios organismos internacio-
nales que, tras la Segunda Guerra Mundial, han asumido la tarea
de salvaguardar la paz y seguridad de los pueblos, comprometiéndose a una distribución ecuánime de los recursos disponibles, a
proteger los derechos de cada persona y a reconocer las legítimas
aspiraciones de los diversos grupos sociales. Finalmente, no se
puede omitir el nacimiento y sucesiva ampliación de la Unión
Europea.

Tampoco en la vida de la Iglesia faltaron acontecimientos que
han dejado una huella profunda, dando el impulso necesario para
efectuar cambios de considerable importancia para el presente y,
se espera, también para el futuro del Pueblo de Dios. Entre ellos
descuella sin duda el Concilio Vaticano II (1962-1965), con las iniciativas que puso en marcha: la reforma litúrgica, la constitución
de nuevos organismos pastorales, el gran impulso misionero, el
compromiso en el campo ecuménico y el diálogo interreligioso,
por citar sólo las más destacadas. Además, ¿cómo no valorar todo
el bien espiritual y eclesial surgido de la celebración del Gran
Jubileo del año 2000?

Testigo de excepción de todos estos acontecimientos es el Papa
Juan Pablo II. Ha vivido en primera persona las dramáticas y
heroicas vicisitudes de su país, Polonia, al cual se ha sentido siem-

pre muy allegado. En las últimas décadas ha sido también protagonista —primero como sacerdote, después como obispo, y finalmente como Papa— de muchos episodios de la historia de Europa y del mundo entero. Este libro presenta algunas de sus experiencias y reflexiones, que ha madurado bajo la presión de muchas formas de mal, pero sin perder de vista la perspectiva del bien, convencido de que éste, al final, saldrá victorioso. Al revisar diversos aspectos de la realidad actual, con una serie de «conversaciones al filo de dos milenios», el Santo Padre se ha detenido a reflexionar sobre fenómenos del presente a la luz de las vicisitudes del pasado, en las que ha intentado descubrir las raíces de lo que ocurre en el mundo de hoy, para ofrecer a sus contemporáneos, como individuos y como pueblos, la posibilidad de llegar, mediante un retorno a la «memoria», a una conciencia más viva de la propia «identidad».

Al escribir este libro, Juan Pablo II ha retomado los temas principales de unas conversaciones mantenidas en 1993 en Castel Gandolfo. Dos filósofos polacos, los profesores Józef Tischner y Krzysztof Michalski, fundadores del Instituto de Ciencias Humanas (*Institut für die Wissenschaften von Menschen*) con sede en Viena, le propusieron desarrollar un análisis crítico, tanto desde el punto de vista histórico como filosófico, de las dos dictaduras que han marcado el siglo XX: el nazismo y el comunismo. Dichas conversaciones fueron grabadas entonces y después transcritas. Pero el Santo Padre, aunque se remite a las cuestiones planteadas en aquellos coloquios, ha considerado oportuno ampliar la perspectiva de sus reflexiones. Ha querido ir más allá del contenido de aquellas conversaciones: así ha nacido este libro, en el que se tratan algunos temas cruciales para el destino de la humanidad, tras los primeros pasos del tercer milenio.

El texto mantiene la forma literaria de la conversación, para que el lector perciba más claramente que no se trata de un discurso académico, sino de un diálogo familiar en el que, si bien se afrontan con rigor los problemas planteados y se buscan las respuestas apropiadas, no se pretende hacer un desarrollo exhaustivo. Las preguntas, en su forma actual, son obra de la Redacción, y tienen el objetivo de estimular la atención del lector y facilitar la correcta comprensión del pensamiento papal. Es de desear que quienquiera que lea este libro encuentre en él respuesta, al menos, a algunos interrogantes que seguramente inquietan su corazón.

MEMORIA E IDENTIDAD

LA FUERZA
QUE LIMITA EL MAL

1. *MYSTERIUM INIQUITATIS:* LA COEXISTENCIA DEL BIEN Y DEL MAL

Tras la caída de los dos poderosos sistemas totalitarios, el nazismo en Alemania y el «socialismo real» en la Unión Soviética, que han pesado sobre todo el siglo XX y han sido responsables de innumerables crímenes, parece llegado el momento de una reflexión sobre su génesis y sus consecuencias, particularmente sobre las ideologías que los han hecho germinar en la historia de la humanidad. Santo Padre, ¿cuál es el sentido de esta gran «erupción» del mal?

El siglo XX ha sido, en cierto sentido, el «teatro» en el que han entrado en escena determinados procesos históricos e ideológicos que han llevado hacia la gran «erupción» del mal, pero también ha sido espectador de su declive. En consecuencia, ¿sería justa una visión de Europa basada únicamente en la perspectiva del mal surgido en su historia reciente? ¿No habría más bien en este enfoque una cierta unilateralidad? La historia moderna de Europa, marcada —sobre todo en Occidente— por la influencia de la Ilustración, ha dado también muchos frutos buenos. En esto refleja la naturaleza del mal, tal como la entiende santo Tomás, siguiendo las huellas de san Agustín. El mal es siempre la ausencia de un bien que un determinado ser debería tener, es una carencia. Pero nunca es ausencia absoluta del bien. Cómo nazca y se desarrolle el mal en el terreno sano del bien, es un misterio. También es una incógnita esa parte de bien que el mal no ha conseguido destruir y que se difunde a pesar del mal, creciendo incluso en el mismo suelo. Surge de inmediato la referencia a la parábola evangélica del trigo y la cizaña (cf. *Mt* 13, 24-30). Cuando los siervos preguntan al dueño: «¿Quieres que vayamos a arrancarla?», él contesta de manera muy significativa: «No, que podríais arrancar también el trigo. Dejadlos crecer juntos hasta la siega, y cuando llegue la siega diré a los segadores: Arrancad primero la cizaña y atadla en gavillas para quemarla, y el trigo almacenadlo en mi granero» (*Mt* 13, 29-30). En este caso, la mención de la cosecha alude a la fase final de la historia, la escatológica.

Se puede tomar esta parábola como clave para comprender toda la historia del hombre. En las diversas épocas y en distintos sentidos, el «trigo» crece junto a la «cizaña» y la «cizaña» junto al «trigo». La historia de la humanidad es una «trama» de la coexistencia entre el bien y el mal. Esto significa que si el mal existe al lado del bien, el bien, no obstante, persiste al lado del mal y, por decirlo así, crece en el mismo terreno, que es la naturaleza humana. En efecto, ésta no quedó destruida, no se volvió totalmente mala a pesar del pecado original. Ha conservado una capacidad para el bien, como lo demuestran las vicisitudes que se han producido en los diversos períodos de la historia.

2. IDEOLOGÍAS
DEL MAL

¿Cómo nacieron, pues, las ideologías del mal? ¿Cuáles son
las raíces del nazismo y del comunismo? ¿Cómo se llegó a
su caída?

L as cuestiones propuestas tienen un profundo significado filosófico y teológico. Hay que reconstruir la «filosofía del mal» en
su vertiente europea, aunque no sólo europea. Esto nos lleva más
allá de las ideologías. Nos impulsa a adentrarnos en el mundo de la
fe. Hay que afrontar el misterio de Dios y de la creación y, especialmente, el del hombre. Son los misterios que he querido expresar en
los primeros años de mi servicio como Sucesor de Pedro mediante
las Encíclicas *Redemptor hominis, Dives in misericordia* y *Dominum*
et vivificantem. Este tríptico se corresponde en realidad con el misterio trinitario de Dios. El contenido de la Encíclica *Redemptor*
hominis lo traje conmigo desde Polonia. También las reflexiones de
la *Dives in misericordia* fueron fruto de mis experiencias pastorales
en Polonia y especialmente en Cracovia. Porque en Cracovia está la
tumba de santa Faustina Kowalska, a quien Cristo concedió ser una
portavoz particularmente inspirada de la verdad sobre la Divina

Misericordia. Esta verdad suscitó en sor Faustina una vida mística sumamente rica. Era una persona sencilla, no muy instruida y, no obstante, quien lee el *Diario* de sus revelaciones se sorprende ante la profundidad de la experiencia mística que relata.

Digo esto porque las revelaciones de sor Faustina, centradas en el misterio de la Divina Misericordia, se refieren al período precedente a la Segunda Guerra Mundial. Precisamente el tiempo en que surgieron y se desarrollaron esas ideologías del mal como el nazismo y el comunismo. Sor Faustina se convirtió en pregonera del mensaje, según el cual la única verdad capaz de contrarrestar el mal de estas ideologías es que Dios es Misericordia, la verdad del Cristo misericordioso. Por eso, al ser llamado a la Sede de Pedro, sentí la necesidad imperiosa de transmitir las experiencias vividas en mi país natal, pero que son ya acervo de la Iglesia universal.

La Encíclica *Dominum et vivificantem*, sobre el Espíritu Santo, se gestó ya en Roma. Maduró, pues, algo más tarde. Surgió de las meditaciones sobre el evangelio de san Juan, sobre lo que Cristo dijo durante la Última Cena. Precisamente en estas últimas horas de la vida terrena de Cristo tuvo lugar probablemente la revelación más completa del Espíritu Santo. En las palabras pronunciadas entonces por Jesús hay también una afirmación muy significativa sobre la cuestión que nos interesa. Dice que el Espíritu Santo «convencerá al mundo en lo referente al pecado» (*Jn* 16, 8). Traté de ahondar en estas palabras y esto me llevó a las primeras páginas del libro del Génesis, al episodio conocido con el nombre de «pecado original». San Agustín, con su extraordinaria perspicacia, describió la naturaleza de este pecado en la siguiente fórmula: *Amor sui usque ad contemptum Dei*, amor de sí mismo hasta el desprecio de Dios.[1] Precisamente el *amor sui* fue lo que llevó a los primeros padres a la rebelión inicial y determinó la propagación en lo sucesivo del pecado a toda la historia del hombre. A eso se refieren las palabras del libro del Génesis: «seréis como Dios en el conocimiento del bien y el mal» (*Gn* 3, 5), es decir, decidiréis por vosotros mismos lo que está bien y lo que está mal.

Y esta dimensión original del pecado no podía tener un contrapeso adecuado más que en la actitud opuesta: *Amor Dei usque ad contemptum sui*, amor de Dios hasta el desprecio de sí mismo. De este modo nos adentramos en el misterio de la Redención del hombre y, en este paso, nos guía el Espíritu Santo. Es Él quien nos permite llegar a las profundidades del *mysterium Crucis*. Y también asomarnos sobre el profundo abismo del mal, cuyo causante y víctima a la vez resulta ser el hombre en el comienzo de su historia. A esto precisamente se refiere la expresión «convencerá al mundo en lo referente al pecado». El objetivo de este «convencer» no es la condena del mundo. Cuando la Iglesia, con la fuerza del Espíritu Santo, llama al mal por su nombre, lo hace únicamente con el fin de indicar al hombre la posibilidad de vencerlo, abriéndose a la dimensión del *amor Dei usque ad contemptum sui*. Éste es el fruto de la Misericordia Divina. En Jesucristo, Dios se inclina sobre el hombre para tenderle la mano, para volver a levantarlo y ayudarle a reemprender el camino con renovado vigor. El hombre no es capaz de levantarse por sus propias fuerzas; necesita la ayuda del Espíritu Santo. Si rechaza esta ayuda, incurre en lo que Cristo llamó «blasfemia contra el Espíritu Santo», declarando al mismo tiempo que es imperdonable (cf. *Mt* 12, 31). ¿Por qué es imperdonable? Porque excluye en el hombre el deseo mismo del perdón. El hombre rechaza el amor y la misericordia de Dios porque él mismo se considera Dios. Presume de valerse por sí mismo.

Me he referido brevemente a tres Encíclicas que me parecen un comentario oportuno a todo el magisterio del Concilio Vaticano II, y también a las circunstancias complejas del momento histórico en que nos toca vivir.

En el transcurso de los años me he ido convenciendo de que las ideologías del mal están profundamente enraizadas en la historia del pensamiento filosófico europeo. A este respecto, debo aludir a ciertos hechos relacionados con la historia de Europa y, sobre todo, con la cultura dominante en ella. Cuando se publicó la Encíclica sobre el Espíritu Santo, algunos sectores en Occidente reaccionaron negativamente e incluso de modo vivaz. ¿De dónde provenía esta reacción? Surgía de las mismas fuentes de las que, hace más de doscientos años, nació la llamada Ilustración europea, especialmente la francesa, pero sin excluir la inglesa, la alemana, la española o la italiana. En Polonia tuvo un sesgo peculiar y Rusia, por su parte, probablemente no sintió tanto la sacudida de la Ilustración. Allí, la crisis de la tradición cristiana llegó por otros derroteros, hasta estallar a comienzos del siglo XX con mayor virulencia aún, como sucedió con la revolución marxista, radicalmente atea.

Para esclarecer mejor este problema, hay que remontarse al período anterior a la Ilustración y, específicamente, a la revolución que supuso el pensamiento de Descartes en la filosofía. El *cogito, ergo sum* —pienso, luego existo— comportaba una inversión en el modo de hacer filosofía. En la época precartesiana, la filosofía, y por tanto el *cogito*, o más bien *cognosco*, estaba subordinado al *esse*, que era considerado primordial. A Descartes, en cambio, el *esse* le pareció secundario, mientras estimó que lo principal era el *cogito*. De este modo, no solamente se producía un cambio de rumbo en el modo de filosofar, sino también un abandono decisivo de lo que había sido la filosofía hasta entonces y, particularmente, para santo Tomás de Aquino: la filosofía del *esse*. Antes todo se interpretaba desde el prisma del *esse* y desde esta perspectiva se buscaba una explicación a todo. Dios, como el Ser plenamente autosuficiente (*Ens subsistens*), era considerado el fundamento indispensable de todo *ens non subsistens*, *ens participatum*, de todos los seres creados y, por tanto, también del hombre. El *cogito, ergo sum* supuso la ruptura con este modo de pensar. Lo primordial era ahora el *ens cogitans*. Así pues, a partir de Descartes, la filosofía se convierte en la ciencia del puro pensamiento: todo lo que es *esse* —tanto el mundo creado como el Creador— permanece en el campo del *cogito*, como contenido de la conciencia humana. La filosofía se ocupa de los seres en la medida en que son contenidos de la conciencia y no en cuanto existentes fuera de ella.

Llegados a este punto, conviene detenerse un poco en la tradición de la filosofía polaca, particularmente en lo que sucedió tras la llegada al poder del Partido Comunista. En las universidades se puso todo tipo de obstáculos a cualquier forma de pensamiento filosófico que no respondiera al modelo marxista. Y se hizo de un modo simple y radical, actuando contra los que seguían otras corrientes de pensamiento filosófico. Es muy significativo que entre los destituidos de sus cátedras estuvieran sobre todo los representantes de la filosofía realista, incluidos los seguidores de la fenomenología realista, como Roman Ingarden e Izydora Dambska, esta última de la escuela de Lvov-Varsovia. La operación era más difícil con los representantes del tomismo, porque enseñaban en la Universidad Católica de Lublín, en las facultades de Teología de Varsovia y Cracovia, así como en los seminarios mayores. No obstante, en un segundo momento, el sistema tampoco fue condescendiente con ellos, aunque fuera con otros medios. Se recelaba también de otros prestigiosos profesores universitarios que mantenían posturas críticas respecto al materialismo dialéctico. Recuerdo en particular a Tadeusz Kotarbin´ski, Maria Ossowska y Tadeusz Cze˙zowski. Naturalmente, no se podían quitar del *Ordo* académico cursos como los dedicados a la lógica y la metodología de las ciencias; pero se podía obstaculizar de muchas formas a los profesores «disidentes», limitando con cualquier medio su influjo en la formación de los estudiantes.

Lo ocurrido en Polonia tras la subida al poder de los marxistas tuvo consecuencias similares a las provocadas anteriormente en Europa occidental por los procesos desarrollados a partir de la Ilustración. Se hablaba, entre otras cosas, del «ocaso del realismo tomista», entendiendo con ello también el abandono del cristianismo como fuente de un pensamiento filosófico. En definitiva, se cuestionaba la posibilidad misma de llegar a Dios. En la lógica del *cogito, ergo sum*, Dios se reducía sólo a un contenido de la conciencia humana; no se le podía considerar como Quien es la razón última del *sum* humano. Por ende, no se podía mantener como el *Ens subsistens*, el «Ser autosuficiente», como el Creador, Quien da la existencia, más aún, como Quien se entrega a sí mismo en el misterio de la Encarnación, de la Redención y de la Gracia. El Dios de la revelación dejaba de existir como el «Dios de los filósofos». Quedaba únicamente la idea de Dios, como tema de una libre elaboración del pensamiento humano.

De esta manera se desmoronaban también los fundamentos de la «filosofía del mal». Porque el mal, en su sentido realista, sólo puede existir en relación al bien y, en particular, a Dios, sumo Bien. De este mal habla precisamente el libro del Génesis. Sólo desde esta perspectiva se puede entender el pecado original y también cada pecado personal del hombre. Pero este mal fue redimido por Cristo mediante la cruz. Más propiamente hablando, fue redimido el hombre, quien, por medio de Cristo, ha sido hecho partícipe de la vida de Dios. Todo esto, el gran drama de la historia de la

Salvación, desapareció de la mentalidad ilustrada. El hombre se había quedado solo; solo como creador de su propia historia y de su propia civilización; solo como quien decide por sí mismo lo que es bueno y lo que es malo, como quien existiría y continuaría actuando *etsi Deus non daretur*, aunque Dios no existiera.

Pero si el hombre por sí solo, sin Dios, puede decidir lo que es bueno y lo que es malo, también puede disponer que un determinado grupo de seres humanos sea aniquilado. Determinaciones de este tipo se tomaron, por ejemplo, en el Tercer Reich por personas que, habiendo llegado al poder por medios democráticos, se sirvieron de él para poner en práctica los perversos programas de la ideología nacionalsocialista, que se inspiraba en presupuestos racistas. Medidas análogas tomó también el Partido Comunista en la Unión Soviética y en los países sometidos a la ideología marxista. En este contexto se perpetró el exterminio de los judíos y también de otros grupos como los gitanos, los campesinos en Ucrania y el clero ortodoxo y católico en Rusia, en Bielorrusia y más allá de los Urales. De un modo parecido se persiguió a todas las personas incómodas para el sistema, como, por ejemplo, a los ex combatientes de septiembre de 1939, a los soldados del Ejército nacional en Polonia al terminar la Segunda Guerra Mundial o a los intelectuales que no compartían la ideología marxista o nazi. Generalmente se trataba del exterminio físico, pero a veces también de una destrucción moral: se impedía más o menos drásticamente a la persona el ejercicio de sus derechos.

A este propósito, no se puede omitir la referencia a una cuestión más actual que nunca, y dolorosa. Después de la caída de los sistemas construidos sobre las ideologías del mal, cesaron de hecho en esos países las formas de exterminio apenas citadas. No obstante, se mantiene aún la destrucción legal de vidas humanas concebidas, antes de su nacimiento. Y en este caso se trata de un exterminio decidido incluso por parlamentos elegidos democráticamente, en los cuales se invoca el progreso civil de la sociedad y de la humanidad entera. Tampoco faltan otras formas graves de infringir la ley de Dios. Pienso, por ejemplo, en las fuertes presiones del Parlamento Europeo para que se reconozcan las uniones homosexuales como si fueran otra forma de familia, que tendría también derecho a la adopción. Se puede, más aún, se debe, plantear la cuestión sobre la presencia en este caso de otra ideología del mal, tal vez más insidiosa y celada, que intenta instrumentalizar incluso los derechos del hombre contra el hombre y contra la familia.

¿Por qué ocurre todo esto? ¿Cuál es la raíz de estas ideologías postilustradas? La respuesta, en realidad, es sencilla: simplemente porque se rechazó a Dios como Creador y, por ende, como fundamento para determinar lo que es bueno y lo que es malo. Se rehusó la noción de lo que, de la manera más profunda, nos constituye en seres humanos, es decir, el concepto de naturaleza humana como «dato real», poniendo en su lugar un «producto del pensamiento», libremente formado y que cambia libremente según las circunstancias. Considero que una reflexión atenta sobre esto podría conducirnos más allá de la fisura cartesiana. Si queremos hablar sensatamente del mal y del bien, hemos de volver a santo Tomás de Aquino, es decir, a la filosofía del ser. Con el método fenomenológico, por ejemplo, se pueden analizar ciertas experiencias, como la moral, la religiosa e incluso la de ser hombre, enriqueciendo así de modo significativo nuestro conocimiento. Pero no se puede olvidar que todos estos análisis admiten en cierto modo, de manera implícita, la realidad de la existencia humana como un ser creado, y también la realidad del Ser absoluto. Si no se parte de tales presupuestos «realistas», se acaba moviéndose en el vacío.

3. EL LÍMITE IMPUESTO AL MAL EN LA HISTORIA DE EUROPA

El hombre tiene a veces la impresión de que el mal es omni-
potente y domina este mundo de manera absoluta. Según
Su Santidad, ¿existe un límite infranqueable para el mal?

He tenido la oportunidad de experimentar personalmente las «ideologías del mal». Es algo que nunca se borra de la memoria. Primero fue el nazismo. Lo que se podía ver en aquellos años era ya terrible. Pero muchos aspectos del nazismo no se veían en aquel período. No todos se daban cuenta de la verdadera magnitud del mal que se cernía sobre Europa, ni siquiera muchos de entre nosotros que estaban en el centro mismo de aquel torbellino. Vivíamos sumidos en una gran erupción del mal, y sólo gradualmente comenzamos a darnos cuenta de sus dimensiones reales. Porque los responsables trataban a toda costa de ocultar sus propios crímenes a los ojos del mundo. Tanto los nazis durante la guerra como los comunistas después, en Europa oriental, intentaban encubrir ante la opinión pública lo que estaban haciendo. Durante mucho tiempo Occidente no quiso creer en el exterminio de los judíos. Sólo después, todo esto salió a la luz sin tapujos. Ni siquiera en Polonia se sabía todo lo que los nazis habían hecho y hacían a los polacos ni lo que los soviéticos hicieron a los oficiales polacos en Katyn´, e incluso la trágica historia de las deportaciones se conocía sólo en parte.

Más tarde, una vez terminada la guerra, pensé para mí: Dios concedió al hitlerismo doce años de existencia y, cumplido este plazo, el sistema sucumbió. Por lo visto, éste fue el límite que la Divina Providencia impuso a semejante locura. A decir verdad, no fue solamente una locura: fue una «bestialidad», como escribió Konstanty Michalski.[2] El hecho es que la Divina Providencia concedió sólo aquellos doce años al desenfreno de aquel furor bestial. Si el comunismo ha sobrevivido más tiempo y tiene alguna perspectiva de un desarrollo mayor, pensaba para mis adentros, debe ser por algún motivo.

En 1945, al terminar la guerra, el comunismo aparecía muy fuerte y peligroso, mucho más que en 1920. Ya en aquel momento se tenía la impresión de que los comunistas conquistarían Polonia e irían más allá, a Europa Occidental, aspirando a la conquista del mundo. En realidad, no se llegó a tanto. El «milagro del Vístula» realizado con la victoria de Pil-sudski en la batalla contra el Ejército Rojo, aminoró las pretensiones soviéticas. Pero después de la victoria sobre el nazismo en la Segunda Guerra Mundial, los comunistas se sintieron envalentonados y se aprestaron con todo descaro a conquistar el mundo o, al menos, Europa. Esto llevó inicialmente a la división del continente en zonas de influencia, según el acuerdo logrado en la Conferencia de Yalta en febrero de 1945. Un acuerdo respetado sólo en apariencia por los comunistas, que lo violaron de hecho de muy diversas maneras, ante todo con la invasión ideológica y la propaganda política, no sólo en Europa, sino también en el resto del mundo. Me quedó entonces muy claro que su dominio duraría mucho más tiempo que el del nazismo. ¿Cuánto? Era difícil de prever. Lo que se podía pensar es que también este mal era en cierto sentido necesario para el mundo y para el hombre. En efecto, en determinadas circunstancias de la existencia humana parece que el mal sea en cierta medida útil, en cuanto propicia ocasiones para el bien. ¿Acaso no fue Johann Wolfgang von Goethe quien calificó al diablo como: «*ein Teil von jener Kraft, die stets das Böse will und stets das Gute schafft*», una parte de esa fuerza que desea siempre el mal y que termina siempre haciendo el bien?[3] Por su parte, san Pablo exhorta a este respecto: «No te dejes vencer por el mal; antes bien, vence al mal con el bien» (*Rm* 12, 21). En definitiva, tras la experiencia punzante del mal, se llega a practicar un bien más grande.

Me he detenido en destacar el límite impuesto al mal en la historia de Europa precisamente para mostrar que dicho límite es el bien; el bien divino y humano que se ha manifestado en la misma historia, en el curso del siglo pasado y también de muchos milenios. En todo caso, no se olvida fácilmente el mal que se ha experimentado directamente. Sólo se puede perdonar. Y, ¿qué significa perdonar, sino recurrir al bien, que es mayor que cualquier mal? Un bien que, en definitiva, tiene su fuente únicamente en Dios. Sólo Dios es el Bien. El límite impuesto al mal por el bien divino se ha incorporado a la historia del hombre, a la historia de Europa en particular, por medio de Cristo. Así pues, no se puede separar a Cristo de la historia del hombre. Lo dije durante mi primera visita a Polonia, en Varsovia, en la Plaza de la Victoria. Dije entonces que no se podía apartar a Cristo de la historia de mi nación. ¿Se le puede apartar de la historia de cualquier nación? ¿Se le puede apartar de la historia de Europa? De hecho, ¡sólo en Él todas las naciones y la humanidad entera pueden «cruzar el umbral de la esperanza»!

4. LA REDENCIÓN COMO LÍMITE DIVINO IMPUESTO AL MAL

¿Cómo hay que entender más concretamente este límite al mal del que estamos hablando? ¿En qué consiste la esencia de este límite?

Cuando hablo del límite impuesto al mal, pienso ante todo en el límite histórico que, por obra de la Providencia, ha circunscrito el mal de los totalitarismos que se han afianzado en el siglo XX, el nacionalsocialismo y el comunismo marxista. En esta perspectiva, me resulta difícil renunciar a otros razonamientos de carácter teológico. No me refiero a ese tipo de reflexiones que suelen llamarse a veces «teología de la historia». Se trata más bien de una disquisición que intenta ir más a fondo, mediante una reflexión teológica, hasta llegar a las raíces del mal, para descubrir la posibilidad de vencerlo gracias a la obra de Cristo.

Quien puede poner un límite definitivo al mal es Dios mismo. Él es la Justicia misma. Es Él quien premia el bien y castiga el mal en perfecta correlación con la situación objetiva. Me refiero a todo mal moral, a todo pecado. Ya en el paraíso terrenal aparece en el horizonte de la historia humana el Dios que juzga y castiga. El libro del Génesis describe detalladamente el castigo que recibieron los primeros padres después de haber pecado (cf. *Gn* 3, 14-19). Y la pena impuesta se extendió a toda la historia del hombre. En efecto, el pecado original es hereditario. Como tal, indica una cierta pecaminosidad innata del hombre, su arraigada inclinación hacia el mal en vez de hacia el bien. Hay en el hombre una cierta debilidad congénita de naturaleza moral, que se une a la fragilidad de su existencia y a su flaqueza psicofísica. Con ella se relacionan las diversas desdichas que la Biblia, ya desde las primeras páginas, indica como consecuencia del pecado.

Por tanto, puede decirse que la historia del hombre está marcada desde el principio por el límite que Dios Creador pone al mal. El Concilio Vaticano II ha enseñado mucho sobre este punto en la Constitución pastoral *Gaudium et spes*. Valdría la pena citar aquí la exposición preliminar que el Concilio dedica a la situación del hombre en el mundo de hoy, y no sólo de hoy. Me limitaré a ciertos pasajes sobre el tema del pecado y de la pecaminosidad del hombre: «Pues el hombre, al examinar su corazón, se descubre también inclinado al mal e inmerso en muchos males que no pueden proceder de su Creador, que es bueno. Negándose con frecuencia a reconocer a Dios como su principio, rompió además el orden debido con respecto a su fin último y, al mismo tiempo, toda su ordenación en relación consigo mismo, con todos los otros hombres y con todas las cosas creadas. De ahí que el hombre esté dividido en su interior. Por esto, toda vida humana, singular o colectiva, aparece como una lucha, ciertamente dramática, entre el bien y el mal, entre la luz y las tinieblas. Además, el hombre se encuentra hasta tal punto incapaz de vencer eficazmente por sí mismo los ataques del mal, que cada uno se siente como atado con cadenas. Pero el mismo Señor vino para liberar y fortalecer al hombre, renovándolo interiormente y arrojando fuera al príncipe de este mundo (cf. *Jn* 12, 31), que lo retenía en la esclavitud del pecado. Pues el pecado disminuye al hombre mismo impidiéndole la consecución de su propia plenitud. A la luz de esta Revelación, tanto la sublime vocación como la profunda miseria que los hombres experimentan encuentran su razón última» (n. 13).

Así pues, no se puede hablar del «límite impuesto al mal» sin tener en cuenta el alcance de las palabras citadas. Dios mismo ha venido para salvarnos, para salvar al hombre del mal, y esta venida de Dios, este «Adviento» que celebramos con tanto regocijo en las semanas previas a la Navidad, tiene un carácter redentor. No se puede pensar en el límite puesto por Dios mismo al mal en sus diferentes formas sin referirse al misterio de la Redención.

¿Acaso el misterio de la Redención es la respuesta a ese mal histórico que, en sus diversas formas, reaparece una y otra vez en las vicisitudes del hombre? ¿Es también la respuesta al mal de nuestros tiempos? Se podría pensar que el mal de los campos de concentración, de las cámaras de gas, de la crueldad de ciertas actuaciones de los servicios policiales y, en fin, de la guerra total y de los sistemas basados en la prepotencia —y que, dicho sea de paso, suprimían sistemáticamente la presencia de la cruz—, es más fuerte que cualquier otro bien. No obstante, examinando más atentamente la historia de los pueblos y naciones que vivieron la desgracia de los sistemas totalitarios y de la persecución por la fe, descubrimos que precisamente en ella se revela claramente la presencia victoriosa de la cruz de Cristo. Y, sobre ese trasfondo dramático, dicha presencia aparece quizás aún más impresionante. A los que están sometidos a una actuación sistemática del mal, no les queda nada más que Cristo y su cruz como fuente de autodefensa espiritual y como promesa de victoria. ¿Acaso no se convirtió san Maximiliano Kolbe, con su sacrificio, en un signo de victoria sobre el mal en el campo de exterminio en Auschwitz? ¿No es ésta la historia de santa Edith Stein —gran pensadora de la escuela de Husserl—, incinerada en el crematorio en Birkenau, que compartió así el destino de muchos hijos e hijas de Israel? Además de estas dos figuras que suelen citarse juntas, hay muchos otros que, en aquella dolorosa historia, destacaron entre sus compañeros de prisión por la grandeza del testimonio que dieron de Cristo crucificado y resucitado.

El misterio de la Redención de Cristo está arraigado muy profundamente en nuestra existencia. La vida contemporánea está dominada por la civilización técnica; pero también ella es iluminada por este misterio, como nos lo ha recordado el Concilio Vaticano II: «Por consiguiente, si alguien pregunta cómo se puede superar aquella miseria, los cristianos proclamarán que todas las actividades del hombre, que la soberbia y el amor desordenado de sí mismo ponen cada día en peligro, deben ser purificadas y llevadas a la perfección por la cruz y la Resurrección de Cristo. Pues, redimido por Cristo y hecho criatura nueva en el Espíritu Santo, el hombre puede y debe amar las cosas mismas creadas por Dios. Pues de Dios las recibe y las mira y respeta como provenientes de la mano de Dios. Dando gracias por ellas a su Bienhechor, y usando y gozando de las criaturas con pobreza y libertad de espíritu, entra en la verdadera posesión del mundo como quien no tiene nada y lo posee todo».[4]

Se puede decir que, a lo largo de toda la Constitución *Gaudium et spes*, el Concilio desarrolla la visión del mundo descrita al inicio del documento: el Concilio «tiene, pues, ante sus ojos el mundo de los hombres, es decir, toda la familia humana con la universalidad de las realidades entre las que ésta vive; el mundo, teatro de la historia del género humano, marcado por su destreza, sus derrotas y sus victorias; el mundo que los fieles cristianos creen creado y conservado por el amor del Creador, colocado ciertamente bajo la esclavitud del pecado, pero liberado por Cristo crucificado y resucitado, una vez que fue quebrantado el poder del maligno, para que se transforme, según el designio de Dios, y llegue a su consumación» (n. 2).

Se puede notar, hojeando las páginas de la *Gaudium et spes*, que insiste siempre en las «palabras clave»: cruz, Resurrección, misterio pascual. Todas ellas en conjunto dicen: Redención. El mundo ha sido redimido por Dios. A este propósito, los escolásticos usaban la expresión de *status naturae redemptae*, estado de naturaleza redimida. Aunque el Concilio casi no usa la palabra «Redención», se refiere no obstante a ella en numerosos pasajes. En el lenguaje conciliar, la Redención es concebida como el momento del misterio pascual que culmina en la Resurrección. ¿Hubo alguna razón para una opción de este tipo? Cuando he conocido más de cerca la teología oriental, he comprendido mejor que en esta formulación conciliar subyacía una dimensión ecuménica importante. La acentuación en la Resurrección destacaba la espiritualidad de los grandes Padres del Cristianismo de Oriente. La Redención es el límite divino impuesto al mal por la simple razón de que en ella el mal es vencido radicalmente por el bien, el odio por el amor, la muerte por la Resurrección.

5. EL MISTERIO
DE LA REDENCIÓN

A la luz de estas consideraciones surge la exigencia de una
respuesta más completa a la cuestión sobre la naturaleza de
la Redención. ¿Qué es la Redención en el contexto de la
contienda entre el bien y el mal en que vive el hombre?

Esta contienda se ilustra a veces con la figura de la balanza. Usando este símbolo, se puede decir que Dios, ofreciendo el sacrificio de su propio Hijo en la cruz, ha puesto esta expiación de valor infinito en el platillo del bien, para que, en definitiva, éste pueda prevalecer siempre. La palabra «Redentor», que en polaco se dice *Odkupiciel*, hace referencia al verbo *odkupic´*, que significa «readquirir». Es lo que ocurre también con el término latino *Redemptor*, cuya etimología se relaciona con el verbo *redimere* (readquirir). Justamente este análisis lingüístico nos puede acercar a la comprensión de la realidad de la Redención.

Con ella se relacionan estrechamente los conceptos de remisión y justificación. Ambos términos pertenecen al lenguaje del Evangelio. Cristo perdonaba los pecados, haciendo hincapié en que el Hijo del hombre tiene poder para hacerlo. Cuando le trajeron a un hombre paralítico, lo primero que dijo fue: «Hijo, tus pecados quedan perdonados» (*Mc* 2, 5); después añadió: «Levántate, toma tu camilla y vete a tu casa» (*Mc* 2, 11). Así, aunque de modo indirecto, puso de relieve que el pecado es un mal mayor que la parálisis del cuerpo. También después de la Resurrección, cuando entró por primera vez en el cenáculo donde estaban reunidos los Apóstoles, les mostró las manos y el costado, exhaló su aliento sobre ellos y a continuación les dijo: «Recibid el Espíritu Santo; a quienes perdonéis los pecados, les quedan perdonados; a los que se los retengáis, les quedan retenidos» (*Jn* 20, 22-23). De esta manera, Cristo reveló que el poder de perdonar los pecados, que pertenece sólo a Dios, se lo ha concedido a la Iglesia. Confirmó al mismo tiempo, una vez más, que el pecado es el mal más grande del que el hombre necesita ser liberado, manifestando asimismo que se ha confiado a la Iglesia la facultad de llevar a cabo dicha liberación, en virtud de la muerte y Resurrección de Cristo.

San Pablo expresa la misma verdad de manera aún más profunda con el concepto de justificación. En las Cartas del Apóstol —sobre todo en las dirigidas a los Romanos y a los Gálatas— la doctrina sobre la justificación tiene incluso una connotación polémica. Pablo, educado en las escuelas de los fariseos, especialistas en el estudio de la antigua alianza, critica la idea de que la fuente de la justificación es la Ley. Sostiene que, en realidad, el hombre no tiene acceso a la justificación por los actos que prescribe la Ley ni, en particular, por la observancia de las numerosas prescripciones de carácter ritual, a las que ellos daban tanta importancia. La justificación tiene su fuente en la fe en Cristo (cf. *Ga* 2, 15-21). Cristo crucificado es quien justifica al hombre pecador cada vez que éste, apoyándose en la fe en su Redención, se arrepiente de sus pecados, se convierte y regresa a Dios como a su propio Padre. Así pues, el concepto de justificación, desde un cierto punto de vista, manifiesta aún más profundamente el contenido del misterio de la Redención. Para ser justificados ante Dios no bastan los esfuerzos humanos. Es necesario que actúe la gracia que proviene del sacrificio de Cristo. Porque sólo el sacrificio de Cristo en la cruz tiene el poder de conceder al hombre la justicia ante Dios.

La Resurrección de Cristo pone de relieve que sólo la medida del bien instaurado por Dios en la historia del hombre mediante el misterio de la Redención es capaz de satisfacer plenamente la verdad del ser humano. El misterio pascual se convierte así en la medida definitiva de la existencia del hombre en el mundo creado por Dios. En este misterio, no sólo se nos revela la verdad escatológica, la plenitud del Evangelio, la Buena Nueva. En él resplandece también una luz que se difunde sobre toda la existencia humana en su dimensión temporal y que, en consecuencia, se refleja en todo el mundo creado. Por su Resurrección, Cristo «justificó», por así decir, la obra de la creación y, especialmente, la creación del hombre, en el sentido de que reveló la «medida apropiada» del bien que Dios concibió en el inicio de la historia humana. Una medida que no es sólo la prevista por Él en la creación y empañada después por el hombre con el pecado. Es una medida superabundante, en que el designio original se realiza de una manera aún más plena (cf. *Gn* 3, 14-15). En Cristo, el hombre está llamado a una vida nueva, la vida del hijo en el Hijo, expresión perfecta de la gloria de Dios: *gloria Dei vivens homo*, la gloria de Dios es el hombre viviente.

6. LA REDENCIÓN, VICTORIA CONCEDIDA AL HOMBRE COMO TAREA

La Redención, la remisión, la justificación son, pues, la expresión del amor de Dios y de su misericordia para con el hombre. ¿Qué relación hay entre el misterio de la Redención y la libertad humana? ¿Cómo se presenta, a la luz de la Redención, el camino que ha de tomar el hombre para realizar de lleno su propia libertad?

En el misterio de la Redención se concede al hombre la victoria de Cristo sobre el mal, no sólo como un beneficio personal, sino también como tarea. El hombre la asume emprendiendo el camino de la vida interior, que consiste en un trabajo consciente sobre sí mismo, ese trabajo del cual Cristo es el Maestro. El Evangelio llama al hombre para que tome precisamente este camino. El «sígueme» de Cristo aparece en muchas páginas del Evangelio y se refiere a distintas personas, no solamente a aquellos pescadores de Galilea que Cristo llama para hacerlos sus Apóstoles (cf. *Mt* 4, 19; *Mc* 1, 17; *Jn* 1, 42), sino también, por ejemplo, al joven rico que mencionan los Sinópticos (cf. *Mt* 19, 16-22;

Mc 10, 17-31; *Lc* 18, 18-30). La conversación de Jesús con este joven es uno de esos textos clave a los que hay que volver de continuo desde diversos puntos de vista, como hice, por ejemplo, en la Encíclica *Veritatis splendor* (cf. nn. 6-27).

El «sígueme» es una invitación a recorrer el camino por el que nos lleva la dinámica interior del misterio de la Redención. Es el camino al que se refiere la doctrina, tan difundida por los tratados sobre la vida espiritual y las experiencias místicas, acerca de las tres etapas que ha de recorrer quien quiere «imitar a Cristo». A estas etapas se las llama a veces «vías». Y, en este caso, se habla de vía purificativa, iluminativa y unitiva. Pero no son tres caminos diferentes, sino tres etapas del mismo y único camino, al cual Cristo llama a cada hombre, como antaño llamó al joven del Evangelio.

Cuando el joven pregunta: «Maestro, ¿qué tengo que hacer de bueno para obtener la vida eterna?», Jesús contesta: «Si quieres entrar en la vida, guarda los mandamientos» (*Mt* 19, 16-17 y par.). Y cuando el joven insiste y pregunta, «¿cuáles?», Jesús se limita a recordar los principales mandamientos de la Ley, sobre todo los de la llamada «segunda tabla», es decir, los que se refieren al trato con el prójimo. Por otro lado, es sabido que en la enseñanza de Jesús todos los mandamientos se resumen en el mandamiento del amor a Dios sobre todas las cosas y al prójimo como a sí mismo. Lo dijo expresamente a un doctor de la ley que le preguntó sobre esto (cf. *Mt* 22, 34-40; *Mc* 12, 28-31). La observancia de los mandamientos, entendiéndola bien, equivale a la vía purificativa. En efecto, significa vencer el pecado, el mal moral en sus distintas formas. Y esto comporta una progresiva purificación interior.

A su vez, esto lleva a descubrir los valores. Por tanto, se puede afirmar que la vía purificativa desemboca de manera orgánica en la iluminativa. Porque los valores son las luces que iluminan la existencia y, a medida que el hombre se trabaja a sí mismo, brillan cada vez más intensamente en el horizonte de su vida. Paralelamente, pues, a la observancia de los mandamientos —que tiene un carácter predominantemente purificador— se desarrollan en el hombre las virtudes. Así, por ejemplo, observando el mandamiento de «no matar», el hombre descubre el valor de la vida en sus diferentes aspectos y aprende a respetarla cada vez más profundamente. Con la observancia del mandamiento «no cometerás adulterio», practica la virtud de la pureza, lo que significa conocer cada vez mejor la belleza desinteresada del cuerpo humano, de la masculinidad y la feminidad. Precisamente esta belleza gratuita se convierte en luz para sus actos. Al observar el mandamiento de «no dar falso testimonio», descubre la virtud de la veracidad. No sólo excluye de su vida todo tipo de mentira e hipocresía, sino que desarrolla en sí una especie de «instinto de verdad» que orienta todo su comportamiento. Y, al vivir en la verdad, adquiere en su propia humanidad una «veracidad» connatural.

De esta manera, la etapa iluminativa del camino de la vida interior surge gradualmente de la etapa de purificación. Con el pasar del tiempo, el hombre que sigue con perseverancia al Maestro, que es Cristo, siente cada vez menos en sí la fatiga de luchar contra el pecado y experimenta más el gozo de la luz de Dios que impregna toda la Creación. Esto es de suma importancia, porque permite al hombre salir de una situación interior más sometida al riesgo de pecar —que, no obstante, sigue siempre al acecho, en mayor o menor grado, en la vida terrena— y moverse más libremente por todo el mundo creado. Conserva esta libertad y sencillez ciertamente en el trato con los seres humanos, también con los de sexo diverso al propio. La luz interior ilumina sus actos y abre sus ojos al bien del mundo creado, que proviene de la mano de Dios. De esta manera, el camino purificador primero, e iluminador después, lleva de manera progresiva a lo que se llama la vía unitiva. Es la última etapa del camino interior, en la que el alma experimenta una particular unión con Dios. Dicha unión se produce en la contemplación del Ser divino y en la experiencia de amor que surge en ella con creciente intensidad. Se anticipa así, en cierta medida, la condición del hombre en la eternidad, más allá del confín de la muerte y del sepulcro. En efecto, Cristo, como supremo Maestro de la vida espiritual del hombre, y también cuantos se han formado en su escuela, enseñan que ya en esta vida se puede emprender el camino de unión con Dios.

La Constitución dogmática *Lumen gentium* (n. 36) dice: «Cristo, se hizo obediente hasta la muerte y por esto el Padre lo exaltó (cf. *Flp* 2,8-9), y entró en la gloria de su reino. A Él le están sometidas todas las cosas hasta que Él se someta al Padre junto con todo lo creado para que Dios sea todo en todo (cf. *1 Co* 15, 27-28)». Como se ve, el Concilio se mueve en un contexto muy amplio, explicando en qué consiste la participación en la misión de Cristo como Rey del Universo. Y, al mismo tiempo, estas palabras conciliares nos ayudan a entender cómo se puede realizar la unión con Dios en la vida terrenal. Si el camino indicado por Cristo conduce en definitiva a que «Dios sea todo en todo», la unión con Dios se realiza en esta vida precisamente siguiendo este mismo principio. El hombre encuentra a Dios creador en todo, y está en contacto con Él en todo y a través de todo. Los seres creados dejan de ser para él una amenaza, como ocurría en la etapa del camino de purificación. Los seres, y especialmente las personas, no solamente recuperan la propia luz, puesta en ellas por Dios, sino que, si puede decirse así, «facilitan el acceso» a Dios mismo, tal como Él mismo ha querido revelarse al hombre: como Padre, como Redentor y como Esposo.

LIBERTAD Y RESPONSABILIDAD

7. SOBRE EL USO APROPIADO DE LA LIBERTAD

Después de la caída de los sistemas totalitarios, en los que el sometimiento de los hombres a la esclavitud llegó al cenit, se abrió para los ciudadanos oprimidos la perspectiva de la libertad, es decir, la posibilidad de decidir de sí y por sí mismos. Hay muchas opiniones a este propósito. La cuestión de fondo es cómo aprovechar esta posibilidad de decidir libremente, evitando en el futuro un retorno del mal inherente a estos sistemas e ideologías.

Después de la caída de los sistemas totalitarios, las sociedades se sintieron libres, pero casi simultáneamente surgió un problema de fondo: el del uso de la libertad. Es un problema que no sólo tiene una dimensión individual sino también colectiva. Por eso requiere una solución en cierto modo sistemática. Si soy libre, significa que puedo usar bien o mal mi propia libertad. Si la uso bien, yo mismo me hago bueno, y el bien que realizo influye positivamente en quien me rodea. Si, por el contrario, la uso mal, la consecuencia será el arraigo y la propagación del mal en mí y

en mi entorno. El peligro de la situación actual consiste en que, en
el uso de la libertad, se pretende prescindir de la dimensión ética,
de la consideración del bien y el mal moral. Ciertos modos de
entender la libertad, que hoy tienen gran eco en la opinión
pública, distraen la atención del hombre sobre la responsabilidad
ética. Hoy se hace hincapié únicamente en la libertad. Se dice que
lo importante es ser libre; serlo del todo, sin frenos ni ataduras,
obrando según los propios juicios que, en realidad, son frecuentemente simples caprichos. Ciertamente, una tal forma de liberalismo merece el calificativo de simplista. Pero, en cualquier caso,
su influjo es potencialmente devastador.

No obstante, se ha de añadir inmediatamente que las tradiciones europeas, en particular las del período iluminista, reconoc-
cen la necesidad de un criterio regulador en el uso de la libertad.
Pero dicho criterio no se fijó en el bien honesto (*bonum honestum*), sino más bien en la utilidad o el placer. Esto es un elemento
de gran importancia en la tradición del pensamiento europeo, al
que se debe prestar un poco más de atención.

En el obrar humano, las diversas facultades espirituales tien-
den a la síntesis. En esta síntesis, la voluntad hace de guía. El
sujeto imprime así en su comportamiento la propia racionalidad.
Los actos humanos son libres y, como tales, comportan la responsabilidad del sujeto. El hombre quiere un determinado bien y se
decide por él; por tanto, es responsable de su opción.

En el trasfondo de esta concepción del bien, metafísica y antropológica al mismo tiempo, se impone una distinción de carácter
específicamente ético. Es la distinción entre el bien honesto
(*bonum honestum*), el bien útil (*bonum utile*) y el bien deleitable
(*bonum detectabile*). Estas tres especies de bien definen de manera
orgánica el obrar del hombre. En su comportamiento, escoge un
cierto bien, que se convierte en el fin de su acción. Si el sujeto opta

por un *bonum honestum*, su fin se identifica con la esencia misma del objeto de su acción y, por ende, es un fin honesto. Cuando, por el contrario, el objeto de su decisión es un *bonum utile*, el fin es el provecho que comporta para sí mismo. La cuestión de la moralidad de la acción sigue aún abierta: sólo cuando la acción que comporta un provecho es honesta, y son honestos también los medios utilizados, el fin pretendido por el sujeto puede considerarse honesto. Justamente en este punto comienza la separación entre la tradición ética aristotélico-tomista y el utilitarismo moderno. El utilitarismo ha descartado la primera y fundamental dimensión del bien, la del *bonum honestum*. La antropología utilitarista y la ética que se deriva, parten de la convicción de que el hombre tiende básicamente al interés propio o del grupo al que pertenece. En suma, el fin de su acción es el beneficio personal o corporativo. Naturalmente, también el *bonum delectabile* fue examinado por la tradición aristotélico-tomista. En su reflexión ética, los grandes pensadores de esta corriente se daban cuenta perfectamente de que la puesta en práctica de un bien honesto comporta siempre un gozo interior, la dicha del bien. En el pensamiento utilitarista, la dimensión del bien y la dicha que comporta ha pasado a segundo plano en favor de la búsqueda de la utilidad y del placer. El *bonum delectabile* del pensamiento tomista se ha emancipado en cierto modo en los nuevos planteamientos, convirtiéndose en un bien por sí solo. Según la visión utilitarista, el hombre busca con sus acciones ante todo el provecho, no lo digno (*honestum*). Es cierto que utilitaristas como Jeremy Bentham o John Stuart Mill subrayan que no se trata únicamente de los placeres de los sentidos. Hay también placeres espirituales. Y sostienen que deben tenerse en cuenta, a la hora de hacer el llamado «cálculo de los placeres». Precisamente este cálculo, según su modo de pensar, es la expresión «normativa» de la ética utilitarista: el máximo placer para el mayor número de personas. A esta perspectiva se debe adecuar el proceder del hombre y la cooperación entre los hombres.

Una respuesta a la ética utilitarista se encuentra en la filosofía de Immanuel Kant. El filósofo de Königsberg se percató con acierto de que poner el placer en primer plano en el análisis del obrar humano es peligroso e hipoteca la esencia misma de la moralidad. En su visión apriorística de la realidad, Kant cuestionó simultáneamente dos cosas, a saber, el placer y la utilidad. Pero no retomó la tradición del *bonum honestum*. Basó más bien toda la moralidad humana en las formas a priori de la razón práctica, que tienen carácter imperativo. Para la moral, es esencial el imperativo categórico que, según él, se expresa con la fórmula: «Actúa únicamente según la norma que deseas y que al mismo tiempo desees que se convierta en una ley universal». [1]

Hay también una segunda forma del imperativo categórico, que pone a la persona en el lugar que le corresponde en el orden moral. Su formulación es la siguiente: «Obra de tal modo que trates a la humanidad, tanto la tuya como la de las otras personas, siempre y simultáneamente como fin y nunca como medio». [2] En esta forma, el fin y el medio se reincorporan al pensamiento ético de Kant, pero no como categorías de orden primario, sino secundario. La categoría de orden primario es la persona. En cierto modo, Kant ha puesto las bases del personalismo ético moderno. Desde el punto de vista del desarrollo de la reflexión ética es una etapa muy importante. También los neotomistas han asumido el principio del personalismo, apoyándose en la concepción de santo Tomás del *bonum honestum, bonum utile* y *bonum delectabile*.

En esta exposición sintética se ve claro cómo la cuestión del uso apropiado de la libertad se entrelaza estrechamente con la reflexión sobre el tema del bien y del mal. Es una cuestión apasionante no sólo desde el punto de vista práctico, sino también teórico. Puesto que la ética es la ciencia filosófica que trata del bien y del mal moral, debe basar su criterio fundamental de valoración en esa propiedad esencial de la voluntad humana que es la libertad. El hombre puede hacer el bien o el mal, porque su voluntad es libre, pero también falible. Cuando decide, lo hace siempre a la luz de algún criterio, que puede ser la bondad objetiva o bien el provecho en sentido utilitarista. Con ética del imperativo categórico, Kant puso de relieve con buen juicio la obligatoriedad en las decisiones morales del hombre; pero, al mismo tiempo, se apartó de lo que es el criterio verdaderamente objetivo de tales decisiones: destacó la obligatoriedad subjetiva, pero descuidó lo que es el fundamento de la moral, es decir, el *bonum honestum*. Por lo que se refiere al *bonum delectabile*, tal como lo entendieron los utilitaristas anglosajones, Kant lo excluyó esencialmente del ámbito de la moral.

Todo el razonamiento hecho hasta ahora sobre la teoría del bien y el mal pertenece a la filosofía moral. Dediqué varios años de trabajo en la Universidad Católica de Lublín a estas cuestiones. He expuesto mis reflexiones a este respecto en el libro *Amor y responsabilidad*, y después en el estudio *Persona y acción*, así como, en una etapa posterior, en las catequesis de los miércoles, publicadas con el título *Varón y mujer*. Lecturas posteriores e investigaciones llevadas a cabo durante el seminario de ética en Lublín me han llevado a ver más claro aún lo mucho que representa esta problemática en diferentes pensadores contemporáneos: en Max Scheler y en otros fenomenólogos, en Jean-Paul Sartre, en Emmanuel Levinas y Paul Ricoeur, pero también en Vladimir Solověv, por no hablar de Fëdor Michajlovič Dostoěvskij. A través de esos análisis de la realidad antropológica, se transparenta de diversos modos la aspiración humana a la Redención y se confirma la necesidad del Redentor para la salvación del hombre.

8. LA LIBERTAD ES PARA EL AMOR

La historia reciente nos ha aportado amplia, y trágicamente elocuente, documentación sobre el mal uso de la libertad. No obstante, queda por aclarar, en positivo, en qué consiste y para qué sirve la libertad.

Nos adentramos en un problema que, si ya era importante en el pasado, lo es mucho más aún en el presente, tras los acontecimientos del año 1989. ¿Qué es la libertad humana? La respuesta se puede entrever ya en Aristóteles. Para él, la libertad es una propiedad de la voluntad que se realiza por medio de la verdad. Al hombre se le da como tarea que cumplir. No existe libertad sin la verdad. La libertad es una categoría ética. Aristóteles lo enseña ante todo en su *Ética a Nicómaco*, construida sobre la base de la verdad racional. Esta ética natural fue adoptada básicamente por santo Tomás en su *Summa Theologiae*. De este modo, la *Ética a Nicómaco* ha permanecido viva en la historia de la moral, pero ya con los rasgos de una ética cristiana tomista.

Santo Tomás utilizó la estructura del sistema aristotélico de las virtudes. El bien que tiene ante sí la libertad humana para cumplirlo es precisamente el bien de la virtud. Se trata sobre todo de las llamadas cuatro virtudes cardinales: prudencia, justicia, fortaleza y templanza. La prudencia tiene una función de guía. La justicia regula el orden social. La fortaleza y la templanza, por su parte, armonizan el orden interior en el hombre, estableciendo el bien en relación con la impetuosidad y con la concupiscencia humanas: *vis irascibilis-vis concupiscibilis*. Así pues, en el fondo de la *Ética a Nicómaco* se encuentra claramente una auténtica antropología.

En el sistema de las virtudes cardinales se insertan las otras virtudes, subordinadas a ellas de diversas maneras. Se puede decir que dicho sistema, del cual depende la autorrealización de la libertad humana en la verdad, es exhaustivo. No es un sistema abstracto y apriorístico. Aristóteles toma pie en la experiencia del sujeto moral. También santo Tomás se basa en la experiencia moral, pero, al mismo tiempo, busca para ella las luces provenientes de la Sagrada Escritura. La mayor de todas ellas es el mandamiento del amor a Dios y al prójimo. En él, la libertad humana encuentra su más plena realización. La libertad es para el amor: su realización mediante el amor puede alcanzar incluso un grado heroico. Cristo, en efecto, habla de «dar la vida» por el hermano, por otro ser humano. En la historia del cristianismo no faltan quienes, de diversas maneras, «entregaron su vida» por el prójimo, y lo hicieron para imitar el ejemplo de Cristo. Es lo que han hecho especialmente los mártires, cuyo testimonio acompaña al cristianismo desde los tiempos apostólicos hasta nuestros días. El siglo XX ha sido el gran siglo de los mártires cristianos, tanto en la Iglesia Católica como en otras Iglesias y Comunidades eclesiales.

Volviendo de nuevo a Aristóteles, se debe añadir que, además de la *Ética a Nicómaco*, dejó también otra obra sobre la ética social titulada *Política*. No plantea en ella cuestiones sobre las estrategias concretas de la vida política, sino que se limita a definir los principios éticos que deberían regir todo sistema político justo. A la *Política* de Aristóteles se remite de manera particular la doctrina social católica, que ha adquirido un notable relieve en los tiempos modernos por el impacto de la cuestión obrera. Desde la gran Encíclica de León XIII *Rerum novarum,* de 1891, el siglo XX se ha caracterizado por una serie de documentos del Magisterio de una importancia esencial para las numerosas cuestiones que progresivamente han ido surgiendo en el campo social. La Encíclica *Quadragesimo anno,* de Pío XI, publicada con ocasión del cuarenta aniversario de la *Rerum novarum,* afronta directamente la cuestión obrera. Por su parte, Juan XXIII, en la *Mater et magistra,* aborda con profundidad la cuestión de la justicia social con referencia al gran sector de los trabajadores del campo; después, en la Encíclica *Pacem in terris,* traza los grandes principios para una paz justa y un nuevo orden internacional, retomando y desarrollando los principios formulados ya en algunas alocuciones importantes de Pío XII. Pablo VI, en la Carta apostólica *Octogesima adveniens,* vuelve sobre la cuestión del trabajo industrial, mientras que en la Encíclica *Populorum progressio* se centra especialmente en el análisis de las características del desarrollo justo. Toda esta problemática sería también objeto de reflexión para los Padres del Concilio Vaticano II, y se afrontó sobre todo en la Constitución *Gaudium et spes.* El documento conciliar, tomando como punto de partida la cuestión fundamental de la vocación de la persona humana, analiza una tras otra sus múltiples dimensiones. En particular, trata detenidamente sobre el matrimonio y la familia, se cuestiona sobre la cultura, afronta las complejas cuestiones de la vida económica, política y social, tanto en el ámbito nacional como internacional. Yo mismo he vuelto a tratar sobre esto último en dos Encíclicas: la *Sollicitudo rei socialis* y la *Centesimus annus*. Pero ya antes había dedicado otra Encíclica específica al trabajo humano, la *Laborem exercens*. Estaba prevista para el noventa aniversario de la *Rerum novarum*, aunque se publicó con cierto retraso a causa del atentado contra la vida del Papa.

Se puede decir que en la raíz de todos estos documentos del Magisterio se encuentra el tema de la libertad del hombre. El Creador ha dado al hombre la libertad como don y tarea a la vez. Porque el hombre, mediante la libertad, está llamado a acoger y realizar el verdadero bien. Ejerce su libertad en la verdad eligiendo y cumpliendo el bien verdadero en la vida personal y familiar, en la realidad económica y política, en el ámbito nacional e internacional. Esto le permite evitar o superar las posibles desviaciones que se han dado en la historia. Una de ellas fue, seguramente, el maquiavelismo renacentista; pero también lo han sido distintas formas de utilitarismo social, como el basado en las clases (marxismo) o en la nación (nacionalsocialismo, fascismo). Una vez desaparecidos estos dos sistemas en Europa, se ha planteado en las sociedades, especialmente en las del antiguo bloque soviético, el problema del liberalismo. Éste fue muy discutido con ocasión de la Encíclica *Centesimus annus* y, desde otro aspecto, con motivo de la Encíclica *Veritatis splendor*. En estas discusiones vuelven a plantearse las eternas cuestiones que ya a finales del siglo XIX había tratado León XIII, el cual dedicó varias Encíclicas a la problemática de la libertad.

Tras este rápido análisis y en líneas generales de la historia de las ideas sobre este tema, se ve cuán fundamental es la cuestión de la libertad humana. La libertad es auténtica en la medida que realiza el verdadero bien. Sólo entonces ella misma es un bien. Si deja de estar vinculada con la verdad y comienza a considerar ésta como dependiente de la libertad, pone las premisas de unas consecuencias morales dañosas, de dimensiones a veces incalculables. En este caso, el abuso de la libertad provoca una reacción que toma la forma de uno u otro sistema totalitario. También ésta es una forma de corrupción de la libertad, de la que en el siglo XX, y no sólo en él, hemos experimentado las consecuencias.

9. LAS ENSEÑANZAS DE LA HISTORIA RECIENTE

Santo Padre, Usted ha sido testigo directo de un largo y difícil período histórico de Polonia y de los países del antiguo bloque oriental (1939-1989). ¿Qué enseñanzas estima que pueden desprenderse de las experiencias vividas en su país natal y en particular de lo que la Iglesia ha experimentado en Polonia durante este período?

Los cincuenta años de lucha contra el totalitarismo son un período no exento de significado providencial: en él se puso de manifiesto la necesidad social de autodefensa ante el sometimiento de todo un pueblo. Se trató de una autodefensa que no actuaba únicamente desde una postura negativa. La sociedad no solamente rechazaba el hitlerismo como el sistema que pretendía destruir a Polonia, como tampoco después se opuso al comunismo como el sistema impuesto desde el Este, sino que, con su resistencia, aspiraba a mantener ideales de gran contenido positivo. Quiero decir que no se trataba simplemente de rechazar dichos sistemas hostiles. En aquellos años se recuperaron y confirmaron también valores fundamentales que daban vida al pueblo y a los cuales quería mantenerse fiel. Me refiero tanto al período relativamente breve de la ocupación alemana como a los cuarenta años de dominación comunista durante la República Popular de Polonia.

Este proceso, ¿fue del todo consciente? ¿Fue un proceso en cierta medida instintivo? Es posible que en muchos casos mostrase un carácter más bien instintivo. Con su oposición, los polacos expresaban, más que una opción fundada en motivos teóricos, simplemente el hecho de que se sentían obligados a oponerse. Era una cuestión de instinto o de intuición, si bien todo ello haya favorecido también una toma de conciencia más profunda de los valores religiosos y civiles que subyacían en su rechazo, en una medida jamás conocida antes en la historia de Polonia.

Deseo citar aquí la conversación que tuve durante mis estudios en Roma con uno de mis colegas del Colegio, un flamenco de Bélgica. Este joven sacerdote estaba vinculado a la obra de Don Joseph Cardijn, nombrado después cardenal. Se conoce dicha obra con la sigla JOC, o sea, la *Jeunesse Ouvrière Chrétienne*. Hablábamos de la situación creada en Europa tras la Segunda Guerra Mundial. Mi colega me dijo más o menos estas palabras: «Dios ha permitido que la experiencia de un mal como el comunismo les haya tocado a ustedes... Y, ¿por qué lo ha permitido?» Él mismo respondió a la pregunta de un modo que considero sintomático: «Se nos libró en Occidente, tal vez porque no hubiéramos sido capaces de soportar una prueba semejante, mientras que ustedes la aguantarán». Esta frase del joven flamenco se me grabó en la memoria. En cierta medida tenía un significado profético. A menudo vuelvo a pensar en ello y veo cada vez más claramente en estas palabras un diagnóstico certero.

Naturalmente, no se puede simplificar demasiado el problema, enfatizando una visión dicotómica de una Europa dividida entre Este y Oeste. Los países de Europa occidental tienen una tradición cristiana más antigua. En ellos, la cultura cristiana ha alcanzado las cotas más altas. Son naciones que han enriquecido a la Iglesia con un gran número de santos. En Europa occidental han florecido obras de arte estupendas: las majestuosas catedrales románicas y góticas, las basílicas barrocas, la pintura de Giotto, del Beato Angélico y de los innumerables artistas de los siglos XV y XVI, las esculturas de Miguel Ángel, la Cúpula de San Pedro y la Capilla Sixtina. En ella nacieron las Sumas teológicas, entre las que descuella la de santo Tomás de Aquino; se han forjado las más valiosas tradiciones de la espiritualidad cristiana, las obras de los místicos y de las místicas de los países germanos, los escritos de santa Catalina de Siena en Italia, de santa Teresa de Ávila y de san Juan de la Cruz en España. En ella surgieron las grandes Órdenes monásticas, desde la de San Benito, que con razón es llamado padre y educador de toda Europa, las beneméritas Órdenes mendicantes, como los Franciscanos y Dominicos, entre otros, y las Congregaciones de la Reforma católica y de los siglos sucesivos, que han aportado, y siguen aportando, tanto bien a la Iglesia. La gran epopeya misionera ha tomado sus recursos sobre todo del Occidente europeo, y hoy surgen en él movimientos apostólicos magníficos y dinámicos, cuyo testimonio da buenos frutos también en el orden temporal. En este sentido, se puede decir que Cristo es siempre la «piedra angular» de la construcción y de la reconstrucción de las sociedades del Occidente cristiano.

Pero no se puede ignorar, al mismo tiempo, el insistente resurgir del rechazo a Cristo. Se ven de continuo los signos de una civilización distinta de aquella cuya «piedra angular» es Cristo, una civilización que, aunque no sea atea por sistema, es ciertamente positivista y agnóstica, puesto que se inspira en el principio de que se debe pensar y actuar como si Dios no existiera. Este planteamiento se aprecia fácilmente en la llamada mentalidad científica, o más bien cientificista, pero también en la literatura contemporánea y, sobre todo, en los medios de comunicación de masas. Y vivir como si Dios no existiera, significa colocarse fuera de las coordenadas del bien y del mal, es decir, fuera del contexto de los valores, de los cuales Él mismo, Dios, es la fuente. Se pretende que sea el hombre mismo quien decida sobre lo que es bueno o malo. Y este programa se sugiere y divulga de muchos modos y desde diversos sectores.

Si por un lado Occidente sigue dando testimonio de la acción del fermento evangélico, por otro, no son menos turbulentas las corrientes contrarias a la evangelización. Éstas socavan los fundamentos mismos de la moral humana, implicando a la familia y propagando la permisividad moral: los divorcios, el amor libre, el aborto, la anticoncepción, los atentados a la vida en su fase inicial y terminal, así como su manipulación. Estas corrientes disponen de enormes medios financieros, no solamente en cada nación sino también a escala mundial. En efecto, pueden contar con grandes centros de poder económico, a través de los cuales tratan de imponer sus condiciones a los países en vías de desarrollo. Por eso, es legítimo preguntarse si no estamos ante otra forma de totalitarismo, falazmente encubierto bajo las apariencias de la democracia.

Así pues, puede ser que aquel colega flamenco pensara en todo esto cuando decía: «Tal vez porque no hubiéramos sido capaces de soportar una prueba semejante [...]; ustedes la aguantarán». Es significativo que, siendo ya Papa, haya escuchado la misma opinión en labios de uno de los políticos europeos más eminentes. Me dijo: «Si el comunismo soviético llegara al Occidente, no seríamos capaces de defendernos... No hay una fuerza que nos movilice para este tipo de defensa...» Sabemos que el comunismo cayó al fin a causa de la insuficiencia socioeconómica de su sistema. Pero esto no significa que haya sido desechado realmente como ideología y como filosofía. En ciertos círculos de Occidente se continúa considerando su ocaso como un perjuicio y se lamenta su pérdida.

¿Qué podemos aprender, por tanto, de estos años dominados por las «ideologías del mal» y de la lucha contra ellas? Pienso que, ante todo, debemos aprender a ir a la raíz. Solamente así el mal causado por el fascismo y el comunismo puede, en cierto sentido, enriquecernos, puede conducirnos al bien, y esto es indudablemente el programa cristiano. «No te dejes vencer por el mal; antes bien, vence al mal con el bien», escribe san Pablo (*Rm* 12, 21). Desde este punto de vista, nosotros podemos obtener en Polonia unos resultados muy valiosos. Pero a condición de no quedarnos en lo superficial, de no ceder a la propaganda de aquella Ilustración a la cual ya resistieron en cierta medida los polacos del siglo XVIII, recabando así el vigor necesario para poder realizar los grandes esfuerzos en el siglo XIX y que, después de la Primera y Segunda Guerra Mundial, condujeron a la recuperación de la independencia. El temple de la población se ha manifestado después en la lucha contra el comunismo, al que Polonia ha sabido resistir hasta la victoria en el año 1989. Ahora se trata de no desperdiciar estos sacrificios.

En el Congreso de teólogos de Europa central y oriental en Lublín, en el año 1991, se trató de hacer un balance de las experiencias vividas en las Iglesias en la época de la lucha contra el totalitarismo comunista y dar un testimonio de ellas. La teología desarrollada en esta parte de Europa no es la teología en el sentido occidental. Es algo más que teología en sentido estricto. Es testimonio de vida, de lo que significa sentirse en manos de Dios, lo que quiere decir «aprender a Cristo», que se puso en manos del Padre hasta aquel «Padre, a tus manos encomiendo mi espíritu» (*Lc* 23, 46) pronunciado en la Cruz. Esto es precisamente lo que significa «aprender a Cristo»: ahondar en las profundidades del misterio de Dios, que realiza de este modo la Redención del mundo. Encontré a los participantes de este congreso en Jasna Góra con motivo de la Jornada Mundial de la Juventud, y he conocido después el contenido de muchas de sus intervenciones. Son documentos que a menudo conmueven por su sencillez y, al mismo tiempo, por su profundidad.

Hablando de estos problemas, nos topamos sin embargo con una seria dificultad. En sus múltiples y complejos aspectos, pasan con frecuencia al ámbito de lo inefable. En cualquier caso, en todo ello se vislumbra la acción de Dios, que se manifiesta a través de la mediación humana: en las buenas obras de los hombres, como es obvio, pero también en sus errores, de los cuales Dios es capaz de sacar un bien mayor. Todo el siglo XX ha estado marcado por una intervención particular de Dios, que es Padre «rico en misericordia», *dives in misericordia...* (*Ef* 2, 4).

10. EL MISTERIO DE LA MISERICORDIA

Santo Padre, ¿podría detenerse sobre el misterio del amor y de la Misericordia? Porque parece importante ahondar más en el análisis de la esencia de estos dos atributos divinos tan significativos para nosotros.

El salmo *Miserere* es probablemente una de las más espléndidas oraciones que la Iglesia heredó del Antiguo Testamento. Las circunstancias de su origen son conocidas. Nació como el clamor de un pecador, el rey David, que se apropió de la esposa del soldado Urías, cometió adulterio con ella y, para borrar las huellas de su culpa, procuró que el legítimo esposo muriera en batalla. Resulta impresionante el pasaje del libro segundo de Samuel, en el que el profeta Natán apunta con dedo acusador a David, señalándolo como el culpable de un gran crimen ante Dios: «¡Eres tú!» (2 S 12, 7). En aquel momento, el rey experimenta una especie de iluminación, de la cual brota una emoción profunda, desahogándose con las palabras del *Miserere*. Es el salmo que probablemente más se usa en la liturgia:

Miserere mei, Deus,
secundum misericordiam tuam;
et secundum multitudinem miserationum tuarum
dele iniquitatem meam.
Amplius lava me ab iniquitate mea,
et a peccato meo munda me.
Quoniam iniquitatem meam ego cognosco,
et peccatum meum contra me est semper.
Tibi, tibi soli peccavi
et malum coram te feci,
ut iustus inveniaris in sententia tua
et aequus in iudicio tuo…

Hay una singular belleza en la pausada cadencia de las palabras latinas, junto con el desgranarse de las ideas, los sentimientos y las mociones del corazón. Naturalmente, la lengua original del salmo *Miserere* no es el latín, pero nuestros oídos están habituados a esta versión, más aún quizás que a las traducciones en las lenguas contemporáneas, que también son conmovedoras a su manera, sobre todo en melodía.

Misericordia, Dios mío, por tu bondad
por tu inmensa compasión borra mi culpa;
lava del todo mi delito,
limpia mi pecado.
Pues yo reconozco mi culpa,
tengo siempre presente mi pecado:
contra ti, contra ti solo pequé,
cometí la maldad que aborreces.
En la sentencia tendrás razón,
en el juicio serás inocente.

Mira, en la culpa nací,
pecador me concibió mi madre.
Te gusta un corazón sincero,
y en mi interior me inculcas la sabiduría.
Rocíame con el hisopo: quedaré limpio;
lávame: quedaré más blanco que la nieve.
Hazme oír el gozo y la alegría,
que se alegren los huesos quebrantados.
Aparta de mi pecado tu vista,
borra en mí toda culpa.
Oh Dios, crea en mí un corazón puro,
renuévame por dentro con espíritu firme;
no me arrojes de tu rostro,
no me quites tu santo espíritu.
Devuélveme la alegría de tu salvación,
afiánzame con espíritu generoso:
enseñaré a los malvados tus caminos,
los pecadores volverán a ti.
Líbrame de la sangre, oh Dios,
Dios, Salvador mío,
y cantará mi lengua tu justicia.
Señor, me abrirás los labios,
y mi boca proclamará tu alabanza…
(Sal 50, 3-17)

Estas palabras no necesitan comentarios. Hablan por sí solas y revelan la verdad de la fragilidad moral del hombre. Se declara culpable ante Dios porque sabe que el pecado es contrario a la santidad de su Creador. Pero el hombre pecador sabe también que Dios es misericordia y que su misericordia es infinita: Dios está dispuesto a perdonar y justificar una y otra vez al pecador.

¿De dónde proviene la infinita misericordia del Padre? David es hombre del Antiguo Testamento. Conoce al Dios único. Nosotros, hombres de la nueva alianza, podemos reconocer en el *Miserere* davídico la presencia de Cristo, el Hijo de Dios, a quien Dios trató como pecador por nosotros (cf. *2 Co* 5, 21). Él ha cargado consigo todos nuestros pecados (cf. *Is* 53, 12) para satisfacer la justicia quebrantada por la culpa y mantener así el equilibrio entre la justicia y la misericordia del Padre. Es significativo que santa Faustina viera a este Hijo como Dios misericordioso, pero contemplándolo no tanto en la cruz cuanto en su condición sucesiva de resucitado y glorioso. Por eso relaciona su mística de la misericordia con el misterio de la Pascua, cuando Cristo aparece victorioso del pecado y de la muerte (cf. *Jn* 20, 19-23).

Recuerdo sobre este punto a sor Faustina y el culto de Cristo misericordioso que promovió, porque también ella pertenece a nuestros tiempos. Vivió en las primeras décadas del siglo xx y murió antes de la Segunda Guerra Mundial. Precisamente en este período le fue revelado el misterio de Divina Misericordia y anotó en su *Diario* lo que experimentó. Para los supervivientes de esta gran guerra, las palabras del *Diario* de santa Faustina son como una especie de Evangelio de la Divina Misericordia escrito desde la perspectiva del siglo xx. Los contemporáneos han entendido este mensaje. Lo han entendido a través del dramático cúmulo de mal que trajo consigo la Segunda Guerra Mundial y de las crueldades de los sistemas totalitarios. Es como si Cristo hubiera querido revelar que el límite impuesto al mal, cuyo causante y víctima resulta ser el hombre, es en definitiva la Divina Misericordia. Ciertamente, en ella se incluye también la Justicia, pero ésta, por sí sola, no es la última palabra en la economía divina de la historia del mundo y en la historia del hombre. Dios sabe obtener siempre del mal algo bueno. Quiere que todos los hombres se salven y lleguen al conocimiento pleno de la verdad (cf. *1 Tm* 2, 4): Dios es Amor (cf. *1 Jn* 4, 8). Cristo crucificado y resucitado, como se apareció a sor Faustina, es la revelación suprema de esta verdad.

Ahora deseo enlazar de nuevo con lo que dije sobre el tema de las experiencias de la Iglesia en Polonia durante la resistencia contra el comunismo. Me parece que tienen un alcance universal. Pienso que también sor Faustina y su testimonio del misterio de la Divina Misericordia tengan cabida de algún modo en esta perspectiva. El patrimonio de su espiritualidad tuvo —lo sabemos por propia experiencia— una gran importancia para la resistencia contra el mal practicado en aquellos sistemas inhumanos de entonces. Todo esto conserva un significado preciso, no sólo para los polacos sino también para todo el ámbito de la Iglesia en el mundo. Lo ha puesto de relieve, entre otras cosas, la beatificación y la canonización de sor Faustina. Es como si Cristo hubiera querido decir a través de ella: «¡El mal nunca consigue la victoria definitiva!» El misterio pascual confirma que, a la postre, vence el bien; que la vida prevalece sobre la muerte y el amor triunfa sobre el odio.

PENSANDO «PATRIA»
(PATRIA—NACIÓN—ESTADO)

11. CONCEPTO
DE PATRIA

Después de la erupción del mal y las dos grandes guerras del siglo XX, el mundo se está convirtiendo cada vez más en un conjunto de continentes, estados y sociedades interdependientes, y Europa —al menos una buena parte de ella— tiende a ser una unidad, no sólo económica sino también política. Más aún, el ámbito de las cuestiones en las cuales intervienen los respectivos organismos de la Comunidad Europea es mucho más amplio que el de la simple economía y la política ordinaria. La caída de los sistemas totalitarios confinantes ha permitido a Polonia recuperar la independencia y abrirse al Occidente. Actualmente estamos ante la necesidad de definir la relación de Polonia con Europa y con el mundo. Hasta hace poco se discutía sobre las consecuencias —beneficios y costes— de su ingreso en la Unión Europea. Se discutía en particular sobre el riesgo de que la nación perdiera su propia cultura y el Estado la soberanía. La entrada de Polonia en una comunidad más grande obliga a recapacitar sobre las consecuencias que esto podría tener en una actitud interior tan apreciada en la historia polaca como es el patriotismo.

Guiados por este sentimiento, muchos polacos a lo largo de los siglos estuvieron dispuestos a entregar sus vidas luchando por la libertad de la patria y muchos la sacrificaron de hecho.

Según Usted, Santo Padre, ¿qué significado tienen los conceptos de «patria», «nación», «cultura»? ¿Cómo se relacionan entre sí tales conceptos?

La expresión «patria» se relaciona con el concepto y la realidad de «padre» (*pater*). La patria es en cierto modo lo mismo que el patrimonio, es decir, el conjunto de bienes que hemos recibido como herencia de nuestros antepasados. Es significativo que, en este contexto, se use con frecuencia la expresión «madre patria». En efecto, todos sabemos por experiencia propia hasta qué punto la herencia espiritual se transmite a través de las madres. La patria, pues, es la herencia y a la vez el acervo patrimonial que se deriva; esto se refiere ciertamente a la tierra, al territorio. Pero el concepto de patria incluye también valores y elementos espirituales que integran la cultura de una nación. He hablado precisamente de esto en la UNESCO, el 2 de junio de 1980, subrayando que, incluso cuando los polacos fueron despojados de su territorio y la nación fue desmembrada, no decayó en ellos el sentido de su patrimonio espiritual y de la cultura heredada de sus antepasados. Más aún, éstos se desarrollaron con extraordinario dinamismo.

Es notorio que el siglo XIX representa en cierta medida la cima de la cultura polaca. En ninguna otra época la nación ha producido escritores tan geniales como Adam Mickiewicz, Juliusz Sl-owacki, Zygmunt Krasin´ski o Cyprian Norwid. La música polaca no había alcanzado antes el nivel de las obras de Frédérik Chopin, Stanisł-aw Moniuszko y otros muchos compositores, que enriquecieron el patrimonio artístico del siglo XIX para la posteridad. Otro tanto puede decirse de las artes plásticas, la pintura y la escultura. Es el siglo de Jan Matejko, de Artur Grottger y, entre el XIX y el XX, aparecen Stanisł-aw Wyspian´ski, extraordinario genio en diversos campos, y después Jacek Malczewski y otros más. Y, ¿qué decir, en fin, del teatro polaco? El siglo XIX ha sido el siglo de los pioneros en este campo. Al comienzo encontramos al gran Wojciech Bogusł-awski, cuyo magisterio artístico lo han seguido y desarrollado otros muchos, sobre todo en el sur de Polonia, en Cracovia y en Lvov, ciudad en aquel tiempo en territorio polaco. Los teatros vivieron entonces su edad de oro; se desarrolló tanto el teatro burgués como el popular. No se puede dejar de constatar que este período extraordinario de madurez cultural durante el siglo XIX preparó a los polacos para el gran esfuerzo que les llevó a recuperar la independencia de su nación. Polonia, desaparecida de los mapas de Europa y del mundo, volvió a reaparecer a partir del año 1918 y, desde entonces, continúa en ellos. No logró borrarla ni siquiera la frenética borrasca de odio desencadenada de oeste a este entre 1939 y 1945.

Como se puede ver, en el concepto mismo de patria hay un engarce profundo entre el aspecto espiritual y el material, entre la cultura y la tierra. La tierra arrebatada por la fuerza a una nación se convierte en cierto sentido en una invocación, más aún, en un clamor al «espíritu» de la nación. Entonces, el espíritu de la nación se despierta, se reaviva y lucha para que se restituyan a la tierra sus derechos. Norwid lo ha expresado de una forma concisa, hablando del trabajo: «[...] La belleza existe para fascinar el trabajo, el trabajo existe para renacer».[1]

Una vez adentrados en el análisis del concepto mismo de patria, conviene hacer referencia ahora al Evangelio. En efecto, en el Evangelio aparece el término «Padre» en labios de Cristo como palabra fundamental. De hecho, es el apelativo que usa con más frecuencia. «Todo me lo ha entregado mi Padre» (*Mt* 11, 27; cf. *Lc* 10, 22); «El Padre ama al Hijo y le muestra todo lo que él hace, y le mostrará obras mayores que ésta» (*Jn* 5, 20; cf. 5, 21 etc.). Las enseñanzas de Cristo contienen en sí los elementos más profundos de una visión teológica, tanto de la patria como de la cultura. Cristo, como el Hijo que viene a nosotros enviado por el Padre, entra en la humanidad con un patrimonio especial. San Pablo habla de esto en la Carta a los Gálatas: «Cuando se cumplió el tiempo, envió Dios a su Hijo, nacido de una mujer [...], para que recibiéramos el ser hijos por adopción [...]. Así que ya no eres esclavo, sino hijo; y si eres hijo, eres también heredero por voluntad de Dios» (4, 4-7).

Cristo dice: «Salí del Padre y he venido al mundo» (*Jn* 16, 28). Esta venida tuvo lugar por medio de una mujer, la Madre. La herencia del eterno Padre ha pasado en un sentido muy real a través del corazón de María, y se ha enriquecido así con todo lo que el extraordinario genio femenino de la Madre podía aportar al patrimonio de Cristo. Este patrimonio es el cristianismo en su dimensión universal y, en él, la contribución de la Madre es muy significativa. Por eso se llama madre a la Iglesia: *mater Ecclesia.* Cuando hablamos así, nos referimos implícitamente al patrimonio divino, del cual participamos gracias a la venida de Cristo.

El Evangelio, pues, ha dado un significado nuevo al concepto de patria. En su acepción original, la patria significa lo que hemos heredado de nuestros padres y madres en la tierra. Lo que nos viene de Cristo orienta todo lo que forma parte del patrimonio de las patrias y culturas humanas hacia la patria eterna. Cristo dice: «Salí del Padre y he venido al mundo, otra vez dejo el mundo y me voy al Padre» (*Jn* 16, 28). Este retorno al Padre inaugura una nueva Patria en la historia de todas las patrias y de todos los hombres. A veces se habla de «Patria celestial», la «Patria eterna». Son expresiones que indican precisamente lo ocurrido en la historia del hombre y de las naciones tras la venida de Cristo al mundo y su retorno de este mundo al Padre.

La partida de Cristo ha abierto el concepto de patria a la dimensión de la escatología y la eternidad, pero nada ha quitado a su contenido temporal. Sabemos por experiencia, basándonos en la historia polaca, cuánto ha favorecido la idea de la patria eterna a la disponibilidad para servir a la patria temporal, preparando a los ciudadanos para afrontar todo tipo de sacrificios por ella, y sacrificios muchas veces heroicos. Lo demuestran elocuentemente los Santos que la Iglesia, a lo largo de la historia, y especialmente en los últimos siglos, ha elevado al honor de los altares.

La patria, como herencia del padre, proviene de Dios, pero en cierta medida procede también del mundo. Cristo vino al mundo para confirmar las leyes eternas de Dios, del Creador. Pero ha iniciado al mismo tiempo una cultura totalmente nueva. Cultura significa cultivo. Cristo, con sus enseñanzas, con su vida, muerte y resurrección, ha vuelto a «cultivar» en cierto sentido este mundo creado por el Padre. Los hombres mismos se han convertido en el «campo de Dios», como escribe san Pablo (1 *Co* 3, 9). De este modo, el «patrimonio» divino ha tomado la forma de la «cultura cristiana». Ésta no existe solamente en las sociedades y naciones cristianas, sino que se ha hecho presente de alguna manera en toda cultura de la humanidad. En cierta medida, ha transformado toda la cultura.

Lo dicho hasta ahora sobre la patria explica algo más profundamente el significado de las llamadas raíces cristianas de la cultura polaca y, en general, de la europea. Cuando se usa esta expresión se piensa normalmente en las raíces históricas de la cultura, y esto tiene ciertamente un sentido, puesto que la cultura tiene carácter histórico. La búsqueda de dichas raíces, por tanto, va acompañada por el estudio de nuestra historia, incluida la política. El esfuerzo de los primeros Piast[2], orientado a reforzar el espíritu polaco mediante la constitución de un Estado emplazado en un territorio concreto de Europa, estaba alentado por una inspiración espiritual bien precisa. Su manifestación fue el bautizo de Mieszko I y de su pueblo (966), gracias a la influencia de su esposa, la princesa bohemia Dobrava. Es notoria la gran incidencia que esto tuvo en la trayectoria de la cultura de esta nación eslava establecida a orillas del Vístula. Diverso rumbo tomó la cultura de otros pueblos eslavos, a los cuales el mensaje cristiano llegó a través de la Rus'[3], que recibió el bautismo de las manos de los misioneros de Constantinopla. Hasta hoy permanece en la familia de las naciones eslavas esta diferenciación, marcando las fronteras espirituales de las patrias y de las culturas.

12. PATRIOTISMO

De la reflexión sobre el concepto de patria nace una pregunta más. A la luz de esta profundización, ¿cómo se ha de entender el patriotismo?

E l razonamiento que acabamos de hacer sobre el concepto de patria y su relación con la paternidad y la generación explica con hondura el valor moral del patriotismo. Si se pregunta por el lugar del patriotismo en el decálogo, la respuesta es inequívoca: es parte del cuarto mandamiento, que nos exige honrar al padre y a la madre. Es uno de esos sentimientos que el latín incluye en el término *pietas*, resaltando la dimensión religiosa subyacente en el respeto y veneración que se debe a los padres, porque representan para nosotros a Dios Creador. Al darnos la vida, participan en el misterio de la creación y merecen por tanto una devoción que evoca la que rendimos a Dios Creador. El patriotismo conlleva precisamente este tipo de actitud interior, desde el momento que también la patria es verdaderamente una madre para cada uno. El patrimonio espiritual que nos transmite nos llega a través del padre y la madre, y funda en nosotros el deber de la *pietas*.

Patriotismo significa amar todo lo que es patrio: su historia, sus tradiciones, la lengua y su misma configuración geográfica. Un amor que abarca también las obras de los compatriotas y los frutos de su genio. Cualquier amenaza al gran bien de la patria se convierte en una ocasión para verificar este amor. Nuestra historia enseña que los polacos han sido siempre capaces de grandes sacrificios para salvaguardar este bien o para reconquistarlo. Lo demuestran las numerosas tumbas de los soldados que lucharon por Polonia en diversos frentes del mundo. Están diseminadas tanto en la tierra patria como fuera de sus confines. Pero creo que una experiencia parecida la ha tenido cada país, cada nación, en Europa y en el mundo.

La patria es un bien común de todos los ciudadanos y, como tal, también un gran deber. El análisis de la historia antigua y reciente demuestra sobradamente el valor, el heroísmo incluso, con el cual los polacos han sabido cumplir con este deber cuando se trataba de defender el bien superior de la patria. Lo cual no excluye que, en determinadas épocas, se haya producido una mengua de esta disponibilidad al sacrificio para promover los valores e ideales relacionados con la noción de patria. Ha habido momentos en que el interés privado y el tradicional individualismo polaco han hecho sentir sus efectos perturbadores.

La patria, pues, tiene una gran entidad. Se puede decir que es una realidad para cuyo servicio se desarrollaron y desarrollan con el pasar del tiempo las estructuras sociales, ya desde las primeras tradiciones tribales. No obstante, cabe preguntarse si no haya llegado el fin de este desarrollo de la vida social de la humanidad. El siglo XX, ¿no manifiesta acaso una tendencia generalizada al incremento de estructuras supranacionales e incluso al cosmopolitismo? Esta tendencia, ¿no comporta también que las naciones pequeñas deberían dejarse absorber por estructuras políticas más grandes para poder sobrevivir? Se trata de cuestiones legítimas. Sin embargo, parece que, como sucede con la familia, también la nación y la patria siguen siendo realidades insustituibles. La doctrina social católica habla en este caso de sociedades «naturales», para indicar un vínculo particular, tanto de la familia como de la nación, con la naturaleza del hombre, la cual tiene carácter social. Las vías principales de la formación de cualquier sociedad pasan por la familia, y sobre esto no caben dudas. Y podría hacerse una observación análoga también sobre la nación. La identidad cultural e histórica de las sociedades se protege y anima por lo que integra el concepto de nación. Naturalmente, se debe evitar absolutamente un peligro: que la función insustituible de la nación degenere en el nacionalismo. En este aspecto, el siglo XX nos ha proporcionado experiencias sumamente instructivas, haciéndonos ver también sus dramáticas consecuencias. ¿Cómo se puede evitar este riesgo? Pienso que un modo apropiado es el patriotismo. En efecto, el nacionalismo se caracteriza porque reconoce y pretende únicamente el bien de su propia nación, sin contar con los derechos de las demás. Por el contrario, el patriotismo, en cuanto amor por la patria, reconoce a todas las otras naciones los mismos derechos que reclama para la propia y, por tanto, es una forma de amor social ordenado.

13. CONCEPTO
DE NACIÓN

El patriotismo, como sentimiento de apego a la propia nación y a la patria, debe evitar transformarse en nacionalismo. Su interpretación correcta depende de lo que queremos expresar con el concepto de nación. Así pues, ¿cómo se ha de entender la nación, esta entidad ideal a la cual se refiere el hombre en su sentimiento patriótico?

Un detenido examen de ambos términos muestra una estrecha relación entre el significado de patria y de nación. En polaco —pero no sólo en esta lengua— el término *na-ród* (nación) deriva de *ród* (linaje); patria (*ojczy-zna*), a su vez, tiene sus raíces en el término padre (*ojciec*). Es padre quien, junto con la madre, da la vida a un nuevo ser humano. Con esta generación a través del padre y de la madre enlaza el término de patrimonio, concepto que subyace en la palabra «patria». El patrimonio y consecuentemente la patria están relacionados estrechamente, desde el punto de vista conceptual, con la generación; pero también el término «nación», desde el punto de vista etimológico, está relacionado con el nacimiento.

Con el término nación se quiere designar una comunidad que reside en un territorio determinado y que se distingue de las otras por su propia cultura. La doctrina social católica considera tanto la familia como la nación sociedades naturales y, por tanto, no como fruto de una simple convención. Por eso, en la historia de la humanidad nada las puede reemplazar. No se puede, por ejemplo, sustituir la nación con el Estado, si bien la nación tiende por su naturaleza a constituirse en Estado, como lo demuestra la historia de cada una de las naciones europeas y la propia historia polaca. Stanisl-aw Wyspian´ski escribió en su obra *Wyzwolenie* (*La liberación*): «La nación debe existir como Estado...»[4] Menos aún se puede identificar la nación con la llamada sociedad democrática, porque se trata de dos órdenes diferentes aunque relacionados entre sí. Una sociedad democrática es más cercana al Estado que a la nación. No obstante, la nación es el suelo sobre el que nace el Estado. La cuestión del sistema democrático, en cierto sentido, es una cuestión sucesiva, que pertenece al campo de la política interna.

Después de estas observaciones introductorias sobre el tema de la nación, también en este caso conviene volver a la Sagrada Escritura, porque en ella están los elementos de una auténtica teología de la nación. Esto vale ante todo para Israel. El Antiguo Testamento muestra la genealogía de esta nación, elegida por el Señor para ser su pueblo. Con el término genealogía se suele indicar a los antepasados en sentido biológico. Pero se puede hablar de genealogía —y quizás de un modo aún más apropiado— en sentido espiritual. Pensemos en Abraham. A él se remiten no solamente los israelitas, sino también —precisamente en sentido espiritual— los cristianos (cf. *Rm* 4, 16) e incluso los musulmanes. La historia de Abraham y de la llamada que recibió de Dios, de su insólita paternidad, del nacimiento de Isaac, muestra cómo el proceso hacia la nación pasa, mediante la generación, a través de la familia y la estirpe.

Se comienza, pues, por el hecho de una generación. La esposa de Abraham, Sara, ya entrada en años, da a luz a su hijo. Abraham tiene un descendiente según la carne y, poco a poco, de esta familia de Abraham se forma un linaje. El libro del Génesis explicita las fases sucesivas de su desarrollo: de Abraham a Isaac hasta llegar a Jacob. El patriarca Jacob tiene doce hijos y éstos, a su vez, dan origen a las doce tribus que habrían de constituir la nación de Israel.

Dios escogió esta nación, confirmando la elección con sus intervenciones en la historia, como en la liberación de Egipto bajo la guía de Moisés. Ya desde los tiempos del gran Legislador se puede hablar de una nación israelita, aunque al principio estuviera formada sólo por familias y clanes. Pero la historia de Israel no se reduce a eso. Tiene también una dimensión espiritual. Dios eligió esta nación para revelarse al mundo en ella y por ella. Una revelación que comienza en Abraham y llega a su culmen en la misión de Moisés. Dios habló «cara a cara» con Moisés, guiando por mediación suya la vida espiritual de Israel. Lo decisivo en la vida espiritual de Israel era la fe en un único Dios, creador del cielo y de la tierra, junto con el decálogo, la ley moral escrita en las tablas de piedra que Moisés recibió en el monte Sinaí.

Hay que definir «mesiánica» la misión de Israel, precisamente porque de esa nación debía surgir el Mesías, el Ungido del Señor. «Cuando se cumplió el tiempo, envió Dios a su Hijo» (*Ga* 4, 4), que se hizo hombre por obra del Espíritu Santo en el seno de una hija de Israel, María de Nazaret. El misterio de la Encarnación, fundamento de la Iglesia, forma parte de la teología de la nación.

El Hijo consustancial, el Verbo eterno del Padre, al encarnarse, es decir, haciéndose hombre, dio comienzo a un «generar» de otro orden: el generar «por el Espíritu Santo». Su fruto es nuestra filiación sobrenatural, la filiación adoptiva. No se trata de un «nacer de la carne», por usar las palabras del evangelista Juan. Es un nacer «no de la sangre, ni de amor carnal, ni de amor humano, sino de Dios» (*Jn* 1, 13). Los nacidos «de Dios» se convierten en miembros de la «nación divina», según la atinada fórmula que tanto le gustaba a Don Ignazy Rózycki. Como es sabido, con el Concilio Vaticano II se ha hecho común la expresión «Pueblo de Dios». Ciertamente, el Concilio habla en la Constitución *Lumen Gentium* del Pueblo de Dios para designar a los que «nacieron de Dios» mediante la gracia del Redentor, el Hijo de Dios encarnado, que murió y resucitó para la salvación de la humanidad.

Israel es la única nación cuya historia está en gran parte escrita en la Sagrada Escritura. Es una historia que pertenece a la Revelación divina: en ella Dios se revela a la humanidad. En la «plenitud de los tiempos», después de haber hablado a los hombres de muchas maneras, Él mismo se hizo hombre. El misterio de la Encarnación pertenece también a la historia de Israel, aunque nos introduce al mismo tiempo ya en la historia del nuevo Israel, del pueblo de la Nueva Alianza. «Todos los hombres están invitados al nuevo Pueblo de Dios [...]. Por tanto, el Pueblo de Dios lo forman personas de toda las naciones.»[5] En otras palabras, esto significa que la historia de todas las naciones está llamada a entrar en la historia de la salvación. En efecto, Cristo vino al mundo para traer la salvación a todos los hombres. La Iglesia, el Pueblo de Dios fundado en la Nueva Alianza, es el nuevo Israel y se presenta con un carácter de universalidad: cada nación tiene en ella el mismo derecho de ciudadanía.

14. HISTORIA

«La historia de todas las naciones está llamada a entrar en la historia de la salvación.» En esta afirmación descubrimos una nueva dimensión de los conceptos de «nación» y de «patria»: la dimensión histórico-salvífica. Santidad, ¿cómo caracterizaría más exactamente esta dimensión de la nación, sin duda esencial?

En sentido amplio se puede decir que todo el universo creado está sometido al tiempo y, por tanto, tiene una historia. También los seres vivos tienen su historia. No obstante, a ninguno de ellos, a ninguna especie animal, podemos atribuir la dimensión histórica en el mismo sentido en que lo hacemos en el caso del hombre, la nación y toda la familia humana. La historicidad del hombre se manifiesta en la capacidad que tiene de objetivar la historia. El hombre no es un simple sujeto sometido al curso de los acontecimientos, no se limita a obrar y comportarse como individuo y como perteneciente a un grupo, sino que tiene la capacidad de reflexionar sobre la propia historia, de objetivarla describiéndola y enlazando entre sí los acontecimientos. Una capacidad análoga tiene cada familia humana, así como las sociedades y, en particular, las naciones.

Estas últimas, de manera similar a los individuos, están dotadas de memoria histórica. Por eso es comprensible que las naciones traten de conservar también por escrito lo que recuerdan. De esta manera, la historia se convierte en historiografía. Los hombres escriben las vicisitudes del grupo al que pertenecen. A veces también las suyas personales, pero en general es más relevante lo que escriben de sus respectivas naciones. Y la historia de las naciones, objetivada y puesta por escrito, es uno de los elementos esenciales de la cultura: el elemento decisivo para la identidad de la nación en su dimensión temporal. «¿Puede ir la historia contra la corriente de las conciencias?» Hace años me hice esta pregunta en una poesía titulada «Pensando la patria». [6] Quizás valga la pena citar a este propósito algún fragmento:

¡La libertad hay que conquistarla permanentemente,
 no basta con poseerla!
Llega como un don,
se conserva con ardua lucha.
El don y la lucha están escritos en páginas ocultas
y, sin embargo, evidentes.
Pagas por la libertad con todo tu ser,
llama entonces libertad a eso,
a lo que, pagando, puedes poseer siempre de nuevo.
Con este pago entramos en la historia,
recorremos todas sus épocas.
¿Por dónde pasa la división de las generaciones
entre los que no han pagado bastante
y los que tuvieron que pagar más de la cuenta?
Y nosotros, ¿de qué lado estamos?
[...]

La historia cubre las batallas de la conciencia
con un manto de acontecimientos;
un manto tejido de victorias y derrotas;
no las encubre, las destaca.
[...]
Débil es el pueblo si acepta su derrota,
olvidando que fue llamado a velar,
hasta que llegue su hora.
Y las horas vuelven siempre en la órbita de la historia.
He aquí la liturgia de los hechos.
Velar es la palabra del Señor y la del Pueblo,
que hemos de aceptar siempre de nuevo.
Las horas son salmodia de conversiones incesantes.
Vamos a participar en la Eucaristía de los mundos.

Y concluía:

¡Tierra que siempre serás parte de nuestro tiempo!
Alentados por una nueva esperanza,
iremos a través del tiempo hacia una tierra nueva.
Y a ti, tierra antigua, te llevaremos como fruto
del amor de las generaciones que superó el odio. [7]

La historia de cada hombre y, a través de él, la de todos los pueblos, tiene una peculiar connotación escatológica. El Concilio Vaticano II trató mucho este tema en todo su magisterio, particularmente en las Constituciones *Lumen gentium* y *Gaudium et spes*. Es una lectura de la historia a la luz del Evangelio que sin duda tiene un significado relevante. En efecto, la referencia escatológica indica que la vida humana tiene sentido, como lo tiene también la historia de las naciones. Naturalmente, serán los hombres y no las naciones quienes se presentarán ante el juicio de Dios, pero en el juicio sobre los hombres de alguna manera serán juzgadas también las naciones.

¿Existe una escatología de la nación? La nación tiene una dimensión exclusivamente histórica. Solamente la vocación del hombre es escatológica. Ésta, sin embargo, repercute de alguna manera en la historia de las naciones. Esto quería expresar también en la obra antes citada, que tal vez es un reflejo de la doctrina del Concilio Vaticano II.

Los pueblos plasman sus vicisitudes en narraciones que transmiten en diversos tipos de documentos, gracias a los cuales se construye la cultura nacional. El instrumento fundamental de este desarrollo progresivo es la lengua. Con su ayuda, el hombre expresa la verdad del mundo y de sí mismo, y comparte con otros los frutos de su búsqueda en los diversos campos del saber. Se instaura así una comunicación entre sujetos que sirve para conocer más a fondo la verdad y, con ello, a profundizar y consolidar la respectiva identidad.

A la luz de estas consideraciones se puede examinar con mayor precisión el concepto de patria. En mi discurso a la UNESCO me he referido a la experiencia de mi patria, y lo entendieron muy bien especialmente los representantes de las sociedades que vivían la fase de la formación de sus patrias y de creación de sus identidades nacionales. Los polacos pasamos por esta fase entre los siglos X y XI. Nos lo han recordado las celebraciones con ocasión del Milenio del Bautismo de Polonia. En efecto, al hablar de Bautismo, no se piensa solamente en el sacramento de la iniciación cristiana recibido por el primer soberano histórico de Polonia, sino también en el acontecimiento decisivo para el nacimiento de la nación y la formación de su identidad cristiana. En este sentido, la fecha del Bautismo de Polonia comporta un cambio crucial. Polonia, como nación, salió entonces de su prehistoria para comenzar a existir históricamente. La prehistoria habla de diferentes tribus eslavas.

Desde el punto de vista étnico, el hecho más importante para la creación de la nación fue probablemente la unión de dos grandes tribus: la de los polanos del norte con los vistulanos del sur. Aunque no fueron las únicas. También entraron a formar parte de la nación polaca las tribus de los silesianos, los pomeranios y los mazovianos. Desde el momento del Bautismo, las diversas tribus comienzan a existir como nación polaca.

15. NACIÓN
Y CULTURA

El argumento emprendido por Usted, Santidad, sobre la
identidad cultural e histórica de la nación, afronta un tema
complejo. Surgen espontáneamente algunas preguntas:
¿Cómo se ha de entender la cultura? ¿Cuál es su sentido y
su génesis? ¿Cómo definir más detalladamente el papel de
la cultura en la vida de la nación?

Todo creyente sabe que el comienzo de la historia del hombre
ha de buscarse en el libro del Génesis. También se ha de acudir a sus páginas para indagar sobre el origen de la cultura
humana. Todo se resume en estas sencillas palabras: «Entonces el
Señor Dios modeló al hombre de arcilla del suelo, sopló en su
nariz un aliento de vida, y el hombre se convirtió en ser vivo» (*Gn*
2, 7). Esta decisión del Creador tiene una dimensión particular.
Porque, mientras para crear otros seres dice simplemente
«hágase», sólo en este caso parece como si entrara dentro de sí
para hacer una especie de consulta trinitaria y después decidir:
«Hagamos al hombre a nuestra imagen y semejanza» (*Gn* 1, 26).
El autor bíblico prosigue: «Y creó Dios al hombre a su imagen; a

imagen de Dios los creó; hombre y mujer los creó. Y los bendijo Dios y les dijo: "creced, multiplicaos, llenad la tierra y sometedla» (*Gn* 1, 27-28). Leemos también en el relato del sexto día de la creación: «Y vio Dios todo lo que había hecho: y era muy bueno» (*Gn* 1, 31). Estas últimas palabras, comúnmente atribuidas a la llamada «tradición sacerdotal», se encuentran en el primer capítulo del libro del Génesis.

En el capítulo segundo, fruto de la obra del redactor yahvista, se trata de la creación del hombre de manera más amplia, más descriptiva y psicológica. Comienza constatando la soledad del hombre llamado a la existencia en medio del universo visible. Da nombres apropiados a los seres que lo rodean. Y, al pasar revista de todos los seres vivientes, constata que no hay entre ellos ninguno que se le parezca. Por eso se siente solo en el mundo. Dios provee a esta soledad decidiendo crear a la mujer. Según el texto bíblico, el Creador dejó caer un letargo sobre el hombre, durante el cual forma de una costilla suya a Eva. Al despertar, el hombre mira atónito al nuevo ser semejante a él y se muestra entusiasmado: «¡Ésta sí que es hueso de mis huesos y carne de mi carne!» (*Gn* 2, 23). Así, al lado del ser humano varón puso en el mundo creado el ser humano mujer. Siguen a continuación las conocidas palabras que abren la perspectiva particularmente exigente de una vida entre dos: «Por eso abandonará el hombre a su padre y a su madre, se unirá a su mujer y serán dos en una sola carne» (*Gn* 2, 24). Esta unión en la carne introduce a la experiencia misteriosa del ser progenitores.

El libro del Génesis continúa diciendo que los dos seres humanos, creados por Dios como hombre y mujer, estaban desnudos y no sentían vergüenza. Esta condición duró hasta el momento en que se dejaron seducir por la serpiente, símbolo del espíritu maligno. Fue precisamente la serpiente quien les persuadió a tomar el fruto del árbol del conocimiento del bien y del mal, los instigó a transgredir la prohibición terminante de Dios, y lo hizo con palabras insinuantes: «No es verdad que tengáis que morir. Bien sabe Dios que cuando comáis de él, se os abrirán los ojos, y seréis como Dios en el conocimiento del bien y el mal» (*Gn* 3, 5). Cuando ambos, la mujer y el hombre, hicieron lo que el espíritu maligno había sugerido, se dieron cuenta de que estaban desnudos y sintieron vergüenza de su propio cuerpo. Habían perdido la inocencia original. El tercer capítulo del libro del Génesis describe de modo muy elocuente las consecuencias del pecado original, tanto para la mujer como para el hombre, así como para su recíproca relación. No obstante, Dios preanuncia una mujer futura, cuyo descendiente aplastará la cabeza de la serpiente, es decir, preanuncia la venida del Redentor y su obra de salvación (cf. *Gn* 3, 15).

Sigamos teniendo presente este esbozo del estado original del hombre, porque volveremos de nuevo al primer capítulo del libro del Génesis, donde se dice que Dios creó al hombre a su imagen y semejanza, y les dijo: «Creced y multiplicaos, llenad la tierra y sometedla» (*Gn* 1, 28). Estas palabras son la primera y más completa definición de la cultura humana. Someter la tierra significa descubrir y confirmar la verdad del propio ser humano, de esa humanidad que comparten en igual medida el varón y la mujer. Dios ha confiado a este hombre, a su humanidad, todo el mundo visible como don y tarea a la vez; le ha asignado una misión concreta: realizar la verdad de sí mismo y del mundo. El hombre debe dejarse guiar por esta verdad de sí mismo para poder modelar según la verdad el mundo visible, usándolo correctamente para sus fines, sin abusar de él. En otras palabras, esta verdad del mundo y de sí mismo es el fundamento de toda intervención del hombre sobre la creación.

Esta misión del hombre respecto al mundo visible, tal como la describe el libro del Génesis, tiene en la historia su propia evolución, que en los tiempos modernos se ha acelerado extraordinariamente. Todo comenzó con la invención de las máquinas: desde ese momento el hombre ya no se limita a transformar las materias primas suministradas por la naturaleza, sino también los productos de su propio trabajo. En este sentido, el trabajo humano ha ido adquiriendo las características de la producción industrial, cuya norma esencial, no obstante, sigue siendo la misma: el hombre debe ser fiel a la verdad de sí mismo y a la del objeto de su trabajo, tanto si se ocupa de materias primas naturales como de productos artificiales.

Con lo dicho en las primeras páginas del libro del Génesis entramos en el meollo mismo de lo que se llama cultura, penetrando en su significado originario y fundamental, desde el que podemos llegar escalonadamente a lo que es la verdad de nuestra civilización industrial. Se ve que, tanto en la etapa original como hoy, la civilización está y sigue estando relacionada con el desarrollo del conocimiento de la verdad del mundo, es decir, con el desarrollo de la ciencia. Ésta es su dimensión cognoscitiva. Sería necesario detenernos en analizar profundamente los tres primeros capítulos del libro del Génesis, que son la fuente originaria a la que se ha de acudir. Porque, para la cultura humana, no sólo es esencial el conocimiento que el hombre tiene del mundo externo, sino también el que tiene de sí mismo. Y este conocimiento de la verdad concierne también a la duplicidad del ser humano: «Hombre y mujer los creó» (*Gn* 1, 27). El primer capítulo del libro del Génesis completa esta afirmación citando la recomendación de Dios sobre la generación humana: «Creced, multiplicaos, llenad la tierra y sometedla» (*Gn* 1, 28). El segundo y tercer capítulos proporcionan otros elementos que ayudan a entender mejor el designio de Dios: lo dicho sobre la soledad del hombre, la creación del ser semejante a él, del asombro ante la primera mujer creada de él, de la vocación al matrimonio y, en fin, de toda la historia de la inocencia inicial, perdida lamentablemente con el pecado original; todo esto brinda ya un cuadro completo de lo que significa para la cultura el amor que nace del conocimiento. Este amor es fuente de una nueva vida. Y, antes aún, es fuente del asombro creativo que requiere una expresión en el arte.

En la cultura del hombre está profundamente grabada desde el principio la dimensión de la belleza. Es como si la belleza del universo estuviera reflejada en los ojos de Dios, como se dice en las Escrituras: «Y vio Dios todo lo que había hecho: y era muy bueno» (*Gn* 1, 31). Se dice «muy bueno», en concreto, de la primera pareja creada a imagen y semejanza de Dios, con toda su inocencia originaria y en aquella desnudez que la caracterizaba antes del pecado original. Todo esto subyace en el fondo mismo de la cultura que se manifiesta en las obras de arte, sean pinturas, esculturas, obras de arquitectura, composiciones musicales o frutos de la imaginación creativa y del pensamiento.

Cada nación vive de las obras de su propia cultura. Nosotros, los polacos, por ejemplo, vivimos de todo aquello cuyo origen conocemos, tanto en el canto *Bogurodzica (Madre de Dios)*, la más antigua poesía polaca escrita, como también en la melodía multisecular que la acompaña. Cuando estuve en Gniezno en 1979, durante mi primera peregrinación a Polonia, hablé de esto a la juventud reunida en la colina de Letch. Precisamente, el canto *Bogurodzica* forma parte de la tradición de Gniezno en la cultura polaca. Es la tradición de su santo patrón Adalberto, al que se atribuye efectivamente la composición del canto. Es una tradición con muchos siglos de historia. El canto *Bogurodzica* se convirtió en el himno nacional, que todavía en Grunwald acompañó las huestes polacas y lituanas en la batalla contra la Orden Teutónica.[8] Pero ya existía entonces otra tradición relacionada con el culto de san Estanislao, proveniente de Cracovia. Se expresaba en el himno latino *Gaude, Mater Polonia*, cantado aún hoy en latín, así como *Bogurodzica* se sigue cantando en polaco antiguo. Ambas tradiciones se compenetran. Es bien sabido que, durante mucho tiempo, el latín fue, junto al polaco, la lengua de la cultura polaca. En latín fueron escritas poesías como, por ejemplo, las de Janicius, o bien tratados político-morales como los de Andrzej Frycz Modrzewski y los de Orzechowski, e incluso la obra de Nicolás Copérnico *De revolutionibus orbium caelestium*. Paralelamente, se desarrolló la literatura polaca, desde Micol-áj Rey hasta Jan Kochanowski, con quien alcanza un nivel europeo de primer plano. El *Salterio de David* (*Psal-zer Dawidów*) de Kochanowski se canta aún hoy en día. Sus *Lamentos* (*Treny*) por la muerte de su hija son una cumbre de la lírica. A su vez, *La despedida de los enviados griegos* (*Odprawa posl-ów greckich*) es un drama exquisito que recuerda los modelos antiguos.

Todo lo que acabo de decir me hace recordar el discurso que pronuncié en la UNESCO sobre el papel de la cultura en la vida de las naciones. La fuerza de aquella intervención residía, más que en una teoría de la cultura, en el testimonio que daba de ella: el simple testimonio de un hombre que, apoyándose en su propia experiencia, exponía lo que era la cultura en la historia de su nación y lo que la cultura representa en la historia de cada nación. ¿Cuál es, por ejemplo, el papel de la cultura en la vida de las jóvenes naciones del continente africano? Hay que preguntarse cómo esta riqueza común del género humano, la riqueza de todas las culturas, pueda crecer en el tiempo y cómo sea necesario respetar una relación adecuada entre la economía y la cultura, para no destruir este bien —el más grande, el más humano— en favor de la civilización del dinero, de la prepotencia de un economicismo unilateral. Porque, en este caso, ya no importa tanto que una tal prepotencia se imponga bajo la forma marxista-totalitaria o bien de la occidental-liberal. En aquel discurso, dije entre otras cosas: «El hombre vive una vida verdaderamente humana gracias a la cultura [...]. La cultura es un modo específico del existir y del ser del hombre [...]. La cultura es aquello a través de lo cual el hombre, en cuanto hombre, se hace más hombre, "es" más [...]. La nación es, en efecto, la gran comunidad de los hombres que están unidos por diversos vínculos pero, sobre todo, precisamente por la cultura. La nación existe "por" y "para" la cultura. Y así es ella la gran educadora de los hombres para que puedan "ser más" en la comunidad. La nación es esta comunidad que posee una historia que supera la historia del individuo y de la familia [...]. Soy hijo de una nación que ha vivido las mayores experiencias de la historia, que ha sido condenada a muerte por sus vecinos en varias ocasiones, pero que ha sobrevivido y que ha seguido siendo ella misma. Ha conservado su identidad y, a pesar de haber sido dividida y ocupada por extranjeros, ha conservado su soberanía nacional, no porque se apoyara en los recursos de la fuerza física, sino apoyándose exclusivamente en su cultura. Esta cultura resultó tener un poder mayor que todas las otras fuerzas. Lo que digo aquí respecto al derecho de la nación a fundamentar su cultura y su porvenir, no es el eco de ningún "nacionalismo", sino que se trata de un elemento estable de la experiencia humana de las perspectivas humanistas del desarrollo del hombre. Existe una soberanía fundamental de la sociedad que se manifiesta en la cultura de la nación. Se trata de la soberanía por la que, al mismo tiempo, el hombre es supremamente soberano».[9]

Lo dicho en aquella ocasión sobre el papel de la cultura en la vida de la nación era el testimonio que pude dar del genio polaco. Por entonces, mis convicciones al respecto ya eran conocidas universalmente. En aquel 2 de junio de 1980 estaba viviendo el segundo año de pontificado. Había realizado algunos viajes apostólicos: a Latinoamérica, África y Asia. En ellos me convencí de que, con la experiencia de la historia de mi patria, con las convicciones que había madurado sobre el valor de la nación, no era ningún extraño para las personas que encontraba. Al contrario, la experiencia de mi patria me facilitaba mucho el encuentro con los hombres y las naciones de todos los continentes.

Las palabras pronunciadas en la UNESCO sobre el tema de la identidad de la nación afirmada mediante la cultura fueron acogidas con aprobación, particularmente por parte de los representantes de los países del Tercer Mundo. Algunos delegados de Europa occidental —así me ha parecido— se mostraron más reservados. Podría preguntarse por qué. Uno de mis primeros viajes apostólicos fue el de Zaire, en África ecuatorial. Un país enorme, donde se hablan 250 lenguas, cuatro de ellas principales, y vive un gran número de clanes y tribus. ¿Cómo formar una sola nación de tal diversidad y pluralidad? En una situación similar están casi todos los países de África. Tal vez, desde el punto de vista de la formación de la conciencia nacional, están en la etapa que en la historia de Polonia corresponde a los tiempos de Mieszko I o los de Boleslao el Valiente. Nuestros primeros reyes se encontraron ante una tarea semejante. La tesis que expuse en la

UNESCO sobre la formación de la identidad de la nación mediante la cultura, era como una mano tendida a las necesidades más vitales de todas las naciones jóvenes en busca de fórmulas para consolidar la propia soberanía.

Los países de Europa occidental están hoy en un período que se podría definir como de «post-identidad». Pienso que uno de los resultados de la Segunda Guerra Mundial fue precisamente la formación de este tipo de mentalidad en los ciudadanos, en el contexto de una Europa que se estaba encaminando hacia la unificación. Naturalmente, hay también otros muchos motivos que explican el impulso hacia la unificación del Viejo Continente. Pero uno de ellos es sin duda la gradual superación de las categorías exclusivamente nacionales en la definición de su propia identidad. Sí, por lo general, las naciones de Europa occidental piensan que no corren peligro de perder su identidad nacional. Los franceses no temen que, por el hecho de entrar en la Unión Europea, vayan a dejar de ser franceses, y así también los italianos, los españoles, etc. Tampoco los polacos lo temen, aunque la historia de su identidad nacional es bastante más compleja.

Históricamente, el espíritu polaco ha tenido una evolución muy interesante. Probablemente, ninguna otra nacionalidad en Europa ha pasado por un proceso similar. Al principio, en el período en que se fusionaban las tribus de los polanos, vistulanos y demás, el elemento unificador fue el espíritu polaco de los Piast; podría decirse que era el espíritu polaco «puro». Después, durante cinco siglos, reinó el espíritu polaco de la época jagellona[10], que permitió la creación de una república integrada por varias naciones, varias culturas y religiones. Todos los polacos son conscientes de esta diversidad religiosa y nacional. Yo mismo provengo de Mal-opolska, el territorio de los antiguos vistulanos, estrechamente vinculado a Cracovia. Pero también en Mal-opolska —posiblemente también en Cracovia, más que en cualquier otra parte— se sentía la vecindad de Vilna, de Lvov y del Oriente.

Un elemento étnico de gran importancia en Polonia ha sido también la presencia de los judíos. Recuerdo que al menos la tercera parte de mis compañeros de escuela en Wadowice eran judíos. En el instituto había menos. Tenía amistad con varios de ellos, y lo que me sorprendía en algunos era su patriotismo polaco. Así pues, el espíritu polaco, en el fondo, es la diversidad y el pluralismo, no la estrechez de miras ni el aislamiento. Sin embargo, parece que esta dimensión «jagellona» del espíritu polaco a la que me he referido antes, ha dejado de ser lamentablemente algo obvio en nuestro tiempo.

PENSANDO «EUROPA»
(POLONIA—EUROPA—IGLESIA)

16. PATRIA EUROPEA

Después de haber reflexionado sobre conceptos fundamentales como patria, nación, libertad o cultura, parece conveniente, Santo Padre, volver al tema de Europa, de su relación con la Iglesia y del lugar de Polonia en este amplio contexto. ¿Cuál es, Santidad, su visión de Europa? ¿Cómo valora las vicisitudes del pasado, la situación actual del continente y sus perspectivas para el tercer milenio? ¿Cuáles son las responsabilidades de Europa respecto al futuro del mundo?

Un polaco no puede desarrollar una reflexión a fondo sobre la patria sin llegar a tratar de Europa y sin plantearse a la postre la incidencia que ha tenido la Iglesia en una u otra de estas realidades. Éstas, claro está, son diferentes, pero también es indudable su influencia recíproca y profunda. Resulta inevitable, pues, que en los razonamientos surjan referencias a una u otra de estas realidades: patria, Europa, Iglesia, mundo.

Polonia es parte integrante de Europa. Está en el continente europeo, en un territorio bien delimitado; ha entrado en contacto con el cristianismo de tradición latina a través de la antigua

Bohemia. Cuando hablamos del comienzo del cristianismo en Polonia, conviene remontarse a los primeros pasos del cristianismo en Europa. Leemos en los Hechos de los Apóstoles que san Pablo, mientras estaba todavía evangelizando en Asia Menor, fue llamado de una manera misteriosa a cruzar el confín entre los dos continentes (cf. *Hch* 16, 9). La evangelización de Europa arrancó en ese momento. Los Apóstoles mismos, en particular Pablo y Pedro, llevaron el Evangelio a Grecia y a Roma, y estos inicios apostólicos, con el transcurso de los siglos, dieron sus frutos. El Evangelio entró en el continente europeo siguiendo diversas rutas: la península Itálica, los territorios actuales de Francia y Alemania, la península Ibérica, las islas Británicas y Escandinavia. Es significativo que el centro de donde salían los misioneros, además de Roma, fuera Irlanda. En Oriente, el núcleo de donde irradiaba el cristianismo, en su versión bizantina y luego eslava, fue Constantinopla. Para el mundo eslavo fue de suma importancia la misión de los santos hermanos Cirilo y Metodio, quienes emprendieron su obra evangelizadora partiendo de Constantinopla, pero conservando el contacto con Roma. Porque en aquel tiempo no había división entre los cristianos de Oriente y de Occidente.

¿Por qué, hablando de Europa, comenzamos con la evangelización? Simplemente porque, tal vez, la evangelización estaba creando a Europa, dio inicio a la civilización y a la cultura de sus pueblos. La propagación de la fe en el continente ha propiciado la creación de las diversas naciones europeas, sembrando en ellas los gérmenes de culturas con rasgos diferentes, pero unidas entre sí por un patrimonio común de valores arraigados en el Evangelio. De esta manera, se desarrolló el pluralismo de las culturas nacionales sobre una plataforma de valores compartidos en todo el continente. Así ocurrió en el primer milenio y, en cierta medida, no obstante las divisiones que se han ido produciendo, también en el segundo milenio: Europa ha estado viviendo la unidad de los valores que la fundaron en la pluralidad de las culturas nacionales. Al decir que la evangelización aportó una contribución fundamental en la formación de Europa, no se pretende minusvalorar la influencia del mundo clásico. La Iglesia misma, en su actividad evangelizadora, asimiló el patrimonio cultural precedente a ella, articulándolo en nuevas formas. Ante todo el de Atenas y Roma, pero sucesivamente también el de los pueblos que iba encontrando durante su expansión por el continente. En la evangelización de Europa, que proporcionaba una cierta unidad cultural del mundo latino en Occidente y del bizantino en Oriente, la Iglesia puso en práctica los criterios de lo que hoy se llama inculturación. Contribuyó, en efecto, al desarrollo de las culturas nativas y nacionales. Es bueno por tanto que la Iglesia haya proclamado a san Benito primero y después también a los santos Cirilo y Metodio como patronos de Europa. Con ello indica a todos los pueblos el gran proceso de inculturación llevado a cabo a lo largo de los siglos y recuerda a la vez que la Iglesia en este continente debe respirar «con dos pulmones». Naturalmente, es una metáfora, pero una metáfora muy elocuente. Así como un organismo sano necesita dos pulmones para respirar normalmente, también la Iglesia, como un organismo espiritual, necesita estas dos tradiciones para poder llegar más plenamente a la riqueza de la Revelación.

El largo proceso de formación de la Europa cristiana se extiende a todo el primer milenio y, en parte, también al segundo. Se puede decir que, con él, no sólo se ha consolidado el carácter cristiano de Europa, sino que se ha moldeado también el espíritu europeo mismo. Los frutos de este proceso son visibles en nuestro tiempo, más aún quizás que en la antigüedad o en el medioevo. Porque en aquellos tiempos se conocía mucho menos el mundo. Al oriente de Europa se extendía el misterioso continente asiático con sus antiquísimas culturas y también con religiones más antiguas que el cristianismo. El enorme continente americano permanecía totalmente desconocido hasta finales del siglo XV. Naturalmente, lo mismo puede decirse de Australia, descubierta más tarde aún. De África, en la antigüedad y el medioevo, se conocía únicamente su parte septentrional, la mediterránea. Así pues, el pensar conscientemente con categorías «europeas» se produjo sólo más tarde, cuando el globo terrestre comenzó a ser suficientemente explorado. En los siglos anteriores se pensaba con categorías vinculadas a cada uno de los imperios: primero a Egipto, luego a imperios en el Medio Oriente en continua transformación, después al imperio de Alejandro Magno y, finalmente, al imperio romano.

Al leer los Hechos de los Apóstoles, hay que considerar con detenimiento un episodio muy significativo para la evangelización de Europa, y también para la futura historia del espíritu europeo. Me refiero a lo ocurrido en el Areópago de Atenas, cuando llegó Pablo y pronunció allí un discurso memorable: «Atenienses —dijo—, veo que sois casi nimios en lo que toca a la religión. Porque paseándome por ahí y fijándome en vuestros monumentos sagrados, me encontré un altar con esta inscripción: "Al Dios desconocido". Pues eso que veneráis sin conocerlo, os lo anuncio yo: el Dios que hizo el mundo y lo que contiene. Es el Señor de cielo y tierra y no habita en templos construidos por hombres ni lo sirven manos humanas; como si necesitara de alguien él, que a todos da la vida y el aliento, y todo. De un solo hombre sacó todo el género humano para que habitara la tierra entera, determinando las épocas de su historia y las fronteras de sus territorios. Quería que lo buscasen a él, a ver si, al menos a tientas, lo encontraban; aunque no está lejos de ninguno de nosotros, pues en él vivimos, nos movemos y existimos; así lo dicen incluso algunos de vuestros poetas: "Somos estirpe suya". Por tanto, si somos estirpe de Dios, no podemos pensar que la divinidad se parezca a imágenes de oro o de plata o de piedra, esculpidas por la destreza y la fantasía de un hombre. Dios pasa por alto aquellos tiempos de ignorancia, pero ahora manda a todos los hombres en todas partes que se conviertan. Porque tiene señalado un día en que juzgará el universo con justicia, por medio del hombre designado por él; y ha dado a todos prueba de esto resucitándolo de entre los muertos» (*Hch* 17, 22-31).

Leyendo estas palabras se nota que Pablo se presentó en el Areópago bien preparado: conocía la filosofía y la poesía griegas. Se dirigió a los atenienses tomando pie en la idea del «Dios desconocido», a quien ellos habían dedicado un altar. Ilustró los atributos eternos de este Dios: inmaterialidad, sabiduría, omnipotencia, omnipresencia y justicia. De esta manera, mediante una especie de *teodicea* en la que se recurre únicamente a la razón, Pablo predispuso el auditorio para escuchar el anuncio del misterio de la Encarnación. Así pudo hablar de la revelación de Dios en el Hombre, en Cristo crucificado y resucitado. Pero, precisamente al llegar a este punto, los oyentes atenienses, que hasta ese momento parecían dispuesto a acoger favorablemente su propuesta, se volvieron atrás. Leemos: «Al oír "Resurrección de los muertos", unos lo tomaban a broma, otros dijeron: "De esto te oiremos hablar en otra ocasión» (*Hch* 17, 32). Así pues, la misión de Pablo en el Areópago terminó en fracaso, aunque algunos de los que habían escuchado sus palabras las acogieron y creyeron. Entre ellos, según la tradición, estaba Dionisio el Areopagita.

¿Por qué he citado por entero el discurso de Pablo en el Areópago? Porque es una especie de introducción a lo que el cristianismo haría después en Europa. Tras el período del magnífico desarrollo de la evangelización, que durante el primer milenio llegó a casi todos los países europeos, vino el medioevo con su universalismo cristiano: el medioevo de una fe sencilla, fuerte y profunda; el medioevo de las catedrales románicas y góticas, y de las estupendas Sumas Teológicas. La evangelización de Europa parecía no solamente terminada sino también madura en todos los aspectos: madura no únicamente en el campo del pensamiento filosófico y teológico, sino también en el campo del arte y de la arquitectura sacra, además de todo lo referente a la solidaridad social (gremios de artes y oficios, hermandades, hospitales...). No obstante, a partir de 1054 esta Europa tan madura se encontró con una profunda mella causada por la gran herida del «cisma oriental». Los dos pulmones dejaron de funcionar en el único organismo de la Iglesia; más aún, cada uno de ellos había comenzado a crear casi un organismo aparte. Esta división ha caracterizado la vida espiritual de Europa desde los inicios del segundo milenio.

El comienzo de los tiempos modernos trajo ulteriores fisuras y divisiones, esta vez en Occidente. La postura de Martín Lutero dio origen a la Reforma. Siguieron sus pasos otros reformadores, como Calvino y Zuinglio. En esta misma línea se produce también la separación de la Iglesia de las islas Británicas de la Sede de Pedro. Europa occidental, que durante el medioevo fue un continente unido desde el punto de vista religioso, en el umbral de los tiempos modernos vivió graves divisiones que se consolidaron en los siglos posteriores. De ello se derivaron también consecuencias de carácter político, según el principio *cuius regio eius religio*, se ha de profesar la fe de aquel a quien pertenece la región. Una de las consecuencias que no se pueden omitir es la triste realidad de las guerras de religión.

Todo esto pertenece a la historia de Europa y ha gravado sobre el espíritu europeo, influyendo en su visión del futuro, preanunciando de cierta manera las divisiones posteriores y los nuevos sufrimientos que brotarían con el tiempo. Sin embargo, hay que subrayar que la fe en Cristo crucificado y resucitado ha permanecido como denominador común para los cristianos de los tiempos de la Reforma. Estaban divididos en lo que se refiere a su relación con la Iglesia y con Roma, pero no rechazaban la verdad de la Resurrección, como lo hicieron los oyentes de san Pablo en el Areópago ateniense. Así fue, por lo menos, al principio. No obstante, con el pasar del tiempo y gradualmente, se llegaría lamentablemente también a esto.

El rechazo de Cristo y, particularmente, de su misterio pascual —de la Cruz y de la Resurrección— apareció en el horizonte del pensamiento europeo a caballo de los siglos XVII y XVIII, especialmente en el período de la Ilustración. Primero la francesa, luego la inglesa y la alemana. En sus diversas manifestaciones, la Ilustración se oponía a lo que Europa había llegado a ser por obra de la evangelización. Se puede comparar a sus representantes con los oyentes de Pablo en el Areópago. En su mayoría no rechazaban la existencia del «Dios desconocido» como un ser espiritual y trascendente en que «vivimos, nos movemos y existimos» (*Hch* 17, 28). Pero los ilustrados radicales, más de quince siglos después del discurso en el Areópago, rechazaban la verdad de Cristo, Hijo de Dios, que se ha dado a conocer haciéndose hombre, naciendo de la Virgen en Belén, anunciando la Buena Nueva y, al final, entregando la vida por los pecados de todos los hombres. El pensamiento ilustrado europeo quiso desembarazarse de este Dios-

Hombre, muerto y resucitado, e hizo todo lo posible por excluirlo de la historia del continente. Bastantes pensadores y políticos actuales permanecen obstinadamente fieles a esta aspiración. Los representantes del postmodernismo contemporáneo critican tanto el patrimonio válido como las quimeras de la Ilustración. Pero su crítica es a veces desmedida, porque llega a no reconocer siquiera el valor de las posturas ilustradas referentes al humanismo, la confianza en la razón y en el progreso. Es cierto que no se puede ignorar la postura polémica de numerosos pensadores ilustrados respecto al cristianismo. Pero el verdadero «drama cultural», que dura hasta hoy, consiste precisamente en que contraponen al cristianismo ideas como las apenas mencionadas que, sin embargo, están profundamente arraigadas en la tradición cristiana.

Antes de continuar este análisis del espíritu europeo, deseo referirme a otro texto del Nuevo Testamento, a la parábola de Jesús sobre la vid y los sarmientos. Cristo dice: «Yo soy la vid; vosotros los sarmientos» (*Jn* 15, 5). Y más adelante desarrolla esta gran metáfora diseñando una especie de teología de la Encarnación y de la Redención. Él es la vid, el Padre el viñador y los sarmientos cada uno de los hombres. Jesús habló a los Apóstoles usando esta imagen el día antes de la Pasión. El hombre es como el sarmiento. Blaise Pascal se acerca a esta metáfora cuando describe al hombre como «caña pensante».[1] Pero el aspecto más profundo y esencial de la parábola es lo que Cristo dice sobre el cultivo de la vid. Dios, que creó al hombre, cuida de esta criatura suya. Como viñador, la cultiva. Y lo hace en el modo que le es propio. Injerta la humanidad en la «vid» de la divinidad de su Hijo unigénito. El Hijo eterno y consustancial al Padre se hace hombre precisamente para esto.

¿Por qué este «cultivo de Dios»? ¿Es posible injertar un sarmiento humano en esa Vid que es Dios hecho hombre? La respuesta de la Revelación es clara: el hombre desde el inicio fue llamado a la existencia como imagen y semejanza de Dios (cf. *Gn* 1, 27) y, por tanto, su humanidad encierra siempre en sí algo divino. La humanidad del hombre puede ser «cultivada» también de esta manera sobrenatural. Aún más, en la actual economía de la salvación, sólo mediante su inserción en la divinidad de Cristo el hombre puede realizarse en plenitud. Si rechaza esta inserción, se condena en cierto sentido a una humanidad incompleta.

¿Por qué en este lugar de nuestras consideraciones sobre Europa nos referimos a la parábola de Cristo sobre la vid y los sarmientos? Quizás porque precisamente esta parábola nos permite explicar de la mejor manera el drama de la ilustración europea. Rechazando a Cristo, o por lo menos poniendo entre paréntesis su actuación en la historia del hombre y de la cultura, ciertas corrientes del pensamiento europeo han cambiado de rumbo. Se ha privado al hombre de «la vid», del injerto en esa vid que permite lograr la plenitud de la humanidad. Se puede decir que se abrió el camino a las demoledoras experiencias del mal que vendrían más tarde de una forma cualitativamente nueva, jamás conocida antes o, al menos, no con tal magnitud.

Según la definición de santo Tomás, el mal es la ausencia de un bien que un determinado ser debería tener. Así pues, en el hombre, como un ser creado a imagen y semejanza de Dios, redimido del pecado por Cristo, debería encontrarse el bien de la participación en la naturaleza y en la vida de Dios mismo, un privilegio inaudito que Cristo le ha concedido por el misterio de la Encarnación y de la Redención. Privar al hombre de este bien equivale —según el lenguaje evangélico— a cortar el sarmiento de la vid. En consecuencia, el sarmiento no puede desarrollar esa plenitud que el viñador, que es el Creador, había proyectado para él.

17. LA EVANGELIZACIÓN DE EUROPA CENTRO-ORIENTAL

La evangelización de la parte centro-oriental del continente europeo, como Vuestra Santidad ha mencionado, ha tenido una historia particular. Esto ha influido seguramente en la fisonomía cultural de dichos pueblos.

En efecto, una consideración aparte merece la evangelización que tiene su fuente en Bizancio. Se puede decir que su símbolo son los santos Cirilo y Metodio, los apóstoles de los eslavos. Fueron griegos provenientes de Tesalónica. Emprendieron la evangelización de los eslavos, comenzando en los territorios de la actual Bulgaria. Su primera preocupación fue aprender la lengua local, creando ciertos signos gráficos para transcribir la fonética de su propio modo de hablar, dando origen así al primer alfabeto eslavo, llamado después cirílico. Este alfabeto, con algunas modificaciones, se conserva hasta hoy en los países del Oriente eslavo, mientras que el Occidente eslavo adoptó la escritura latina, usando al principio el latín como lengua de las capas cultas y formando después progresivamente su propia literatura.

Cirilo y Metodio actuaron, por invitación del príncipe de la gran Moravia, en los territorios de su país en el siglo IX. Es probable que llegaran también al territorio de los vistulanos, detrás de los Cárpatos. Pero estuvieron ciertamente en los territorios de Panonia, en la actual Hungría, y también en las tierras de Croacia, Bosnia y Herzegovina, así como en la región de Ocrida, en la zona de la Macedonia eslava. Dejaron discípulos que continuaron su actividad misionera. Estos dos santos hermanos influyeron también en la evangelización de los eslavos de los territorios que se encuentran al norte del mar Negro. Porque la evangelización de los eslavos a partir del bautismo de san Vladimiro en 988 se extendió sobre toda la Rus' de Kiev y, luego, abarcó las tierras del norte de la actual Rusia, llegando hasta los Urales. En el siglo XIII, a raíz de la invasión de los mongoles que destruyeron el país de Kiev, esta evangelización atravesó una grave prueba de notable alcance histórico. Sin embargo, los nuevos centros religiosos y políticos en el norte, especialmente Moscú, no sólo supieron defender la tradición cristiana en su forma eslavo-bizantina, sino también propagarla dentro de los límites de Europa hasta los Urales, e incluso más allá de los Urales, en los territorios de Siberia y del norte de Asia.

Todo esto forma parte de la historia de Europa y muestra de alguna manera la naturaleza del espíritu europeo. En el período sucesivo a la Reforma, como consecuencia del principio *cuius regio eius religio*, llegaron las guerras de religión. Muchos cristianos de diferentes Iglesias se dieron cuenta de que tales guerras estaban en contraste con el Evangelio y, paulatinamente, llegó a prevalecer el principio de libertad religiosa, con el cual se afirmaba la posibilidad de elegir personalmente la confesión religiosa y la consecuente pertenencia eclesial. Además, con el transcurso del tiempo, las diversas confesiones cristianas, sobre todo de proveniencia evangélica y protestante, comenzaron a encaminarse en busca de concordia y acuerdos. Eran los primeros pasos por el camino que se convertiría en el movimiento ecuménico. Por lo que se refiere a la Iglesia católica, un acontecimiento crucial en este sentido fue el Concilio Vaticano II. En él, la Iglesia católica definió su posición respecto a todas las Iglesias y Comunidades eclesiales que están fuera de la unidad católica, y se comprometió con total determinación en la actividad ecuménica. Este acontecimiento es importante para la futura unidad plena de todos los cristianos. Sobre todo en el siglo XX, se han dado cuenta de que no podían dejar de buscar esa unidad, por la cual Cristo oró la víspera de su Pasión: «Que todos sean uno, como tú, Padre, en mí y yo en ti, que ellos lo sean también en nosotros, para que el mundo crea que tú me has enviado» (*Jn* 17, 21). Puesto que los Patriarcados del Oriente ortodoxo también están comprometiéndose activamente en el diálogo ecuménico, se puede abrigar la esperanza de una unidad plena en un futuro no lejano. La Sede Apostólica, por su parte, está decidida a hacer todo lo posible en este sentido a través del diálogo, tanto con la Iglesia ortodoxa como con cada una de las Iglesias y Comunidades eclesiales en el Occidente.

Como se dice en los Hechos de los Apóstoles, a Europa llegó el cristianismo desde Jerusalén, a través de Asia Menor. Inicialmente, de Jerusalén salían las rutas misioneras que conducirían a los Apóstoles de Cristo hasta los «confines del mundo» (*Hch* 1, 8). Sin embargo, ya en los tiempos apostólicos, el centro de la difusión misionera se trasladó a Europa. Sobre todo a Roma, donde daban testimonio de Cristo los santos Apóstoles Pedro y Pablo y, más tarde, también a Constantinopla, es decir, Bizancio. Así pues, la evangelización tuvo sus dos centros principales en Roma y Bizancio. De estas ciudades salían los misioneros para cumplir el mandato de Cristo: «Id y haced discípulos de todos los pueblos, bautizándolos en el Nombre del Padre y del Hijo y del Espíritu Santo» (*Mt* 28, 19). Los efectos de esta actividad misionera pueden verse aún hoy en Europa: se reflejan en la orientación cultural de los pueblos. Los misioneros provenientes de Roma iniciaron un proceso de inculturación que ha dado lugar a la versión latina del cristianismo, mientras que los misioneros provenientes de Bizancio han promovido su versión bizantina: primero la griega y luego la eslava, cirílico-metodiana. La evangelización de toda Europa se ha realizado principalmente a partir de estos dos núcleos.

Gradualmente, con el transcurso de los siglos, la evangelización ha rebasado los confines de Europa. Fue una epopeya gloriosa sobre la cual, no obstante, proyecta su sombra la cuestión de la colonización. En el sentido moderno de la palabra se puede hablar de colonización desde el tiempo del descubrimiento de América. La primera gran «colonia» europea fue precisamente el continente americano: el centro y el sur colonizado por los españoles y portugueses, y el norte por los franceses y los anglosajones. Fue un fenómeno transitorio. Unos siglos después del descubrimiento de América, se formaron en el sur y en el norte nuevas sociedades y nuevos estados postcoloniales, que se han convertido cada vez en mayor medida en verdaderos consocios de Europa.

La celebración del quinto centenario del descubrimiento de América ha dado ocasión para plantear la gran cuestión sobre la relación entre el desarrollo de las sociedades americanas del norte y del sur, por un lado, y los derechos de las poblaciones indígenas por otro. En el fondo, es una cuestión inherente a toda colonización. También la del continente africano. Nace del hecho de que la colonización implica siempre llevar e injertar «algo nuevo» en el tronco precedente. En cierto sentido, esto favorece el progreso de las poblaciones autóctonas, pero simultáneamente trae consigo una especie de expropiación, no solamente de sus tierras sino también de su patrimonio espiritual. ¿Cómo se planteó dicho problema en América del norte y del sur? ¿Cuál debería ser el juicio moral a la luz de las diversas situaciones que se produjeron en la historia? Éstas son preguntas planteadas con razón, y a las que se deben buscar respuestas adecuadas. Hay que saber reconocer también los fallos de los colonizadores, así como asumir el compromiso de reparar sus culpas en lo que sea posible.

En cualquier caso, la colonización es parte de la historia de Europa y del espíritu europeo. Europa es relativamente pequeña. Pero, al mismo tiempo, es un continente muy desarrollado, al que se puede decir que la Providencia ha confiado la tarea de comenzar un múltiple intercambio de bienes entre las diferentes partes del mundo, entre los distintos países, pueblos y naciones de todo el orbe. Tampoco se puede olvidar que la obra misionera de la Iglesia se propagó al mundo desde Europa. Tras haber recibido la Buena Nueva de Jerusalén, Europa, tanto la romana como la bizantina, se convirtió en el gran centro de la evangelización del mundo y, a pesar de todas las crisis, no ha dejado de serlo hasta hoy. Tal vez esta situación cambie. Puede ser que, en un futuro más o menos lejano, la Iglesia en los países europeos necesite la ayuda de las Iglesias de otros continentes. Si llegara a ocurrir, la nueva situación podría interpretarse como una cierta forma de saldar las «deudas» que los otros continentes contrajeron con Europa por haberles llevado el anuncio del Evangelio.

Al pensar en Europa, en fin, es preciso observar que no se puede entender su historia moderna sin tener en cuenta las dos grandes revoluciones: la francesa, a finales del siglo XVIII, y la rusa a comienzos del XX. Ambas fueron una reacción al sistema feudal, que en Francia había tomado la forma del «absolutismo ilustrado» y, en Rusia, de la «autocracia» (*samodierzavie*) zarista. La revolución francesa, que causó tantas víctimas inocentes, al final abrió las puertas a Napoleón, que se proclamó emperador de los franceses, dominando Europa con su genio militar durante la primera década del siglo XIX. Después de Napoleón, el Congreso de Viena restableció en Europa el sistema del absolutismo ilustrado, sobre todo en los países responsables de la repartición de Polonia. Entre finales del XIX y comienzos del XX se consolidó esta distribución de fuerzas, apareciendo al mismo tiempo nuevas naciones en Europa, como la italiana.

En la segunda década del siglo XX, la situación en Europa degeneró hasta el punto de llegar a la Primera Guerra Mundial. Fue una contienda cruenta entre las «grandes alianzas» —Francia, Inglaterra y Rusia, a la que se añadió Italia, por un lado, y Alemania y Austria por otro—, pero también el conflicto del cual nació la libertad de algunos pueblos. En 1918, al terminar la Primera Guerra Mundial, aparecen de nuevo en el mapa de Europa los estados hasta entonces sometidos por las potencias ocupantes. Así, el año 1918 trae consigo la recuperación de la independencia de Polonia, Lituania, Letonia y Estonia. De modo similar, nace en el sur la libre República Checoslovaca, y algunas naciones de Europa central entran a formar parte de la Federación Yugoslava. Ucrania y Bielorrusia no consiguieron todavía la independencia, a pesar de las bien conocidas aspiraciones y expectativas de sus pueblos. Este nuevo sistema de fuerzas en Europa, en el sentido político, apenas duraría veinte años.

18. FRUTOS DEL BIEN EN EL SUELO DE LA ILUSTRACIÓN

A la erupción del mal que tuvo lugar durante la Primera Guerra Mundial siguió otra aún más terrorífica en la segunda y en los crímenes de los que hemos hablado al comienzo de nuestro coloquio. Usted, Santo Padre, dijo que la visión de la Europa actual no puede limitarse al mal, a la herencia destructiva de la Ilustración y de la Revolución francesa, porque ésta sería una visión unilateral. ¿Cómo se debe, pues, ampliar la perspectiva para poder ver también los aspectos positivos de la historia moderna de esta Europa nuestra?

La Ilustración europea no sólo dio lugar a las crueldades de la Revolución francesa; tuvo también frutos buenos, como la idea de libertad, igualdad y fraternidad, que son después de todo valores enraizados en el Evangelio. Aunque se proclamen de espaldas a él, estas ideas hablan por sí solas de su origen. De este modo, la Ilustración francesa preparó el terreno para comprender mejor los derechos del hombre. En realidad la revolución misma violó, de hecho y de varios modos, muchos de estos derechos. Pero el reconocimiento efectivo de los derechos del hombre comenzó desde ese momento a ponerse en práctica con mayor fuerza, superando las tradiciones feudales. Hay que subrayar, además, que estos derechos ya eran conocidos, en cuanto radicados en la naturaleza del hombre, creada por Dios según su imagen y, como tales, proclamados en la Sagrada Escritura desde las primeras páginas del libro del Génesis. Cristo mismo se refiere a ellos reiteradamente, cuando, por ejemplo, se dice en el Evangelio que «el sábado se hizo para el hombre, y no el hombre para el sábado» (*Mc* 2, 27). En estas palabras, afirma con su autoridad la primacía de la dignidad del hombre, indicando que, en última instancia, su fundamento es divino.

También la idea del derecho de la nación se relaciona con la tradición ilustrada, e incluso con la Revolución francesa. El derecho de la nación a la existencia, a su propia cultura y a su soberanía política, era en aquel momento de la historia, en el siglo XVIII, de gran importancia para muchas naciones en Europa y en otras partes. Lo era para Polonia que, precisamente en esos años, a pesar de la Constitución del 3 de mayo ², estaba por perder la independencia. Al otro lado del Atlántico, lo era de modo particular para los Estados Unidos de América del norte que se estaban formando. Es significativo que estos tres acontecimientos —la Revolución francesa (14 de julio de 1789), la proclamación de la Constitución del 3 de mayo en Polonia (1791) y la Declaración de Independencia de los Estados Unidos de América (4 de julio de 1776)— se produjeran en fechas tan próximas unas de otras. Pero algo parecido podría decirse de los diferentes países de Latinoamérica que, después de un largo período feudal, estaban tomando una nueva conciencia nacional y, en consecuencia, se fortalecían sus aspiraciones independistas frente a la Corona española o portuguesa.

Así pues, las ideas de libertad, igualdad y fraternidad se iban fortaleciendo —desgraciadamente a costa de la sangre de muchas víctimas en la guillotina— e iluminaban la historia de los pueblos y de las naciones, al menos en los continentes europeo y americano, dando origen a una nueva época de la historia. Por lo que se refiere a la fraternidad, idea evangélica por excelencia, el período de la Revolución francesa comportó su renovada consolidación en la historia de Europa y del mundo. La fraternidad es un lazo que no sólo une a los individuos, sino también a las naciones. La historia del mundo debería estar regida por el principio de la fraternidad de los pueblos y no solamente por las intrigas entre las fuerzas políticas o por la hegemonía de los monarcas, sin una suficiente consideración por los derechos del hombre y de las naciones.

Los conceptos de libertad, igualdad y fraternidad fueron providenciales también al principio del siglo XIX, porque en aquellos años se produjo la gran convulsión de la llamada cuestión social. El capitalismo de los inicios de la revolución industrial menospreciaba de muchas maneras la libertad, la igualdad y la fraternidad, permitiendo la explotación del hombre por el hombre en aras de las leyes del mercado. El pensamiento ilustrado, sobre todo su concepto de libertad, favoreció seguramente el surgir del *Manifiesto Comunista* de Carlos Marx, pero propició también —a veces independientemente de esta declaración— la formación de los postulados de la justicia social, que tenían a su vez su raíz última en el Evangelio. Es significativo constatar cómo estos procesos de talante ilustrado han llevado frecuentemente a redescubrir las verdades del Evangelio. Lo muestran las Encíclicas sociales mismas, desde la *Rerum novarum*, de León XIII, y las del siglo XX hasta la *Centesimus annus*.

En los documentos del Concilio Vaticano II se puede hallar una síntesis estimulante de la relación del cristianismo con la

Ilustración. Aunque los textos no hablan de ella expresamente, sin embargo, cuando se los analiza más a fondo en el contexto cultural de nuestra época, ofrecen valiosas indicaciones sobre este punto. El Concilio, en la exposición de su doctrina, ha evitado intencionalmente cualquier polémica. Ha preferido presentarse como una nueva expresión de esa inculturación que ha acompañado al cristianismo desde los tiempos apostólicos. Siguiendo sus orientaciones, los cristianos pueden convivir con el mundo contemporáneo y entablar un diálogo constructivo con él. Como el buen samaritano del Evangelio, pueden acercarse también al hombre maltrecho, tratando de curar sus heridas en este comienzo del siglo XXI. La solicitud por ayudar al hombre es incomparablemente más importante que las polémicas y las acusaciones, por ejemplo, a las raíces ilustradas de las grandes catástrofes históricas del siglo XX. Porque el espíritu del Evangelio se manifiesta sobre todo en la disponibilidad para ofrecer al prójimo una ayuda fraterna.

«Realmente, el misterio del hombre sólo se esclarece en el misterio del Verbo encarnado.»[3] Con estas palabras el Concilio Vaticano II expresa la antropología que constituye el fundamento de todo el magisterio conciliar. Cristo no sólo indica a los hombres el camino de la vida interior, sino que Él mismo se presenta como «el camino» para ello. Es «camino» porque es el Verbo encarnado, es el Hombre. Leemos más adelante en el texto conciliar: «Pues Adán, el primer hombre, era figura del que había de venir, es decir, de Cristo, el Señor. Cristo, el nuevo Adán, en la misma revelación del misterio del Padre y de su amor, manifiesta plenamente el hombre al propio hombre y le descubre la grandeza de su vocación».[4] Sólo Cristo con su humanidad revela hasta el fondo el misterio del hombre. En efecto, únicamente se puede ahondar hasta el fondo en el sentido del misterio del hombre si se toma como punto de partida su creación a imagen y semejanza de Dios. El ser humano no puede comprenderse del todo a sí mismo teniendo como única referencia las otras criaturas del mundo visible. El hombre encuentra la clave para entenderse a sí mismo contemplando el divino Prototipo, el Verbo encarnado, Hijo eterno del Padre. Así pues, la fuente primaria y decisiva para entender la íntima naturaleza del ser humano es la Santísima Trinidad. A todo esto se refiere la fórmula bíblica «imagen y semejanza», citada en las primeras páginas del libro del Génesis (cf. *Gn* 1, 26-27). Por tanto, para explicar a fondo la esencia del hombre hay que acudir a esta fuente.

La Constitución *Gaudium et spes* continúa desarrollando esta idea fundamental. Cristo, «que es "imagen de Dios invisible" (*Col* 1, 15) es el hombre perfecto que restituyó a los hijos de Adán la semejanza divina, deformada desde el primer pecado. En él la naturaleza humana ha sido asumida, no absorbida; por eso mismo, también en nosotros ha sido elevada a una dignidad sublime» (n. 22). Esta categoría de la dignidad es muy importante, más aún, esencial para el pensamiento cristiano sobre el hombre. Se aplica abundantemente en toda la antropología, no sólo teórica sino también práctica, en la enseñanza de la moral, así como en los documentos de carácter político. Según la doctrina del Concilio, la dignidad propia del hombre no se basa únicamente en el hecho mismo de ser hombre, sino, sobre todo, en que Dios se hizo verdadero hombre en Jesucristo. En efecto, acto seguido leemos: «Pues él mismo, el Hijo de Dios, con su encarnación, se ha unido, en cierto modo, con todo hombre. Trabajó con manos de hombre, pensó con inteligencia de hombre, obró con voluntad de hombre, amó con corazón de hombre. Nacido de la

Virgen María, se hizo verdaderamente uno de nosotros, en todo semejante a nosotros excepto en el pecado» (n. 22). Tras estas formulaciones está el gran esfuerzo doctrinal de la Iglesia del primer milenio para presentar correctamente el misterio de Dios-Hombre. Se nota en casi todos los concilios, que tornan reiteradamente sobre este misterio de la fe, esencial para el cristianismo, desde diversos puntos de vista. El Concilio Vaticano II apoya su doctrina en la riqueza teológica elaborada anteriormente sobre la humanidad divina de Cristo, con el fin de formular una conclusión esencial para la antropología cristiana. En esto consiste precisamente su carácter innovador.

El misterio del Verbo encarnado nos ayuda a comprender el misterio del hombre también en su dimensión histórica. Porque Cristo es el «último Adán», como dice san Pablo en la Primera Carta a los Corintios (*1 Co* 15, 45). Este último Adán es el Redentor del hombre, el Redentor del primer Adán, es decir, del hombre histórico, cargado con la herencia de la caída original. Leemos en la *Gaudium et spes*: «Cordero inocente, por su sangre libremente derramada, mereció para nosotros la vida, y en él Dios nos reconcilió consigo y entre nosotros y nos arrancó de la esclavitud del diablo y del pecado, de modo que cualquiera de nosotros puede decir con el Apóstol: El Hijo de Dios "me amó y se entregó a sí mismo por mí" (*Ga* 2, 20). Padeciendo por nosotros, no sólo nos dio ejemplo para que sigamos sus huellas, sino que también instauró el camino con cuyo seguimiento la vida y la muerte se santifican y adquieren un sentido nuevo [...]. Ciertamente urgen al cristiano la necesidad y el deber de luchar contra el mal con muchas tribulaciones y también de padecer la muerte; pero asociado al misterio pascual, configurado con la muerte de Cristo, fortalecido por la esperanza, llegará a la Resurrección» (n. 22).

Se dice que el Concilio Vaticano II trajo consigo lo que Karl Rahner ha llamado un «viraje antropológico». La intuición es válida, pero en modo alguno debe hacer olvidar que este viraje tiene un carácter profundamente cristológico. La antropología del Vaticano II está enraizada en la cristología y, por tanto, en la teología. Leídas con atención, las frases citadas de la Constitución *Gaudium et spes* son el núcleo mismo del nuevo sesgo que la Iglesia ha tomado en la forma de presentar su antropología. Basándome en esta doctrina, he podido decir en la Encíclica *Redemptor hominis* que «el hombre es el camino de la Iglesia» (n. 14).

La *Gaudium et spes* subraya con mucha firmeza que la explicación del misterio del hombre, enraizada en el misterio del Verbo encarnado, «vale no sólo para los cristianos, sino también para todos los hombres de buena voluntad, en cuyo corazón actúa la gracia de modo invisible. Cristo murió por todos y la vocación última del hombre es realmente una sola, es decir, la vocación divina. En consecuencia, debemos mantener que el Espíritu Santo ofrece a todos la posibilidad de que, de un modo conocido sólo por Dios, se asocien a este misterio pascual» (n. 22).

La antropología del Concilio tiene carácter netamente dinámico, habla del hombre a la luz de su vocación y lo hace de manera existencial. Una vez más se propone la visión del misterio del hombre que se ha manifestado a los creyentes por la Revelación cristiana. «Por Cristo y en Cristo se ilumina el enigma del dolor y de la muerte, que fuera de su Evangelio nos abruma. Cristo resucitó, destruyendo la muerte con su muerte, y nos dio la vida, para que, hijos en el Hijo, clamemos en el Espíritu: ¡Abba! ¡Padre!» (n. 22). Este enfoque del misterio central del cristianismo responde de modo más directo a los retos del pensamiento contemporáneo, que acentúa más lo existencial. En él campea la cuestión sobre el sentido de la existencia humana y, especialmente, del dolor y de la muerte. Precisamente en esta perspectiva el Evangelio se muestra como la mayor de las profecías. La profecía sobre el hombre. Al margen del Evangelio, el hombre se queda en un dramático interrogante sin respuesta. Porque la respuesta apropiada a la pregunta sobre el hombre es Cristo, el *Redemptor hominis*.

19. LA MISIÓN
DE LA IGLESIA

En octubre de 1978, Usted, Santidad, salió de Polonia, probada por la guerra y el comunismo, para venir a Roma y asumir la tarea de Sucesor de Pedro. Las experiencias polacas le han acercado a una nueva forma postconciliar de la Iglesia: a una Iglesia más abierta que en el pasado a los problemas de los laicos y del mundo. Santo Padre, ¿qué tareas considera más importantes de la Iglesia en el mundo actual? ¿Cuál debería ser la actitud de los hombres de Iglesia?

Hoy se necesita un enorme trabajo en la Iglesia. En particular, se necesita el apostolado de los laicos, del que habla el Concilio Vaticano II. Es del todo indispensable una profunda conciencia misionera. La Iglesia en Europa y en todos los continentes debe darse cuenta de que siempre y en todas partes es Iglesia misionera (*in statu missionis*). La misión pertenece de tal modo a su naturaleza, que nunca y en ninguna parte, ni siquiera en los países de sólida tradición cristiana, puede dejar de ser misionera. Durante los quince años de su pontificado y con la ayuda del Sínodo de los Obispos, Pablo VI ha promovido ulteriormente esta conciencia, renovada por el Concilio Vaticano II. De su corazón surgió, por ejemplo, la Exhortación apostólica *Evangelii nuntiandi*. Yo mismo he tratado de seguir por este camino desde las primeras semanas de mi ministerio. La muestra está en el primer documento del pontificado, la Encíclica *Redemptor hominis*.

La Iglesia debe ser incansable en esta misión recibida de Cristo. Debe ser humilde y valiente, como Cristo mismo y como sus Apóstoles. No puede desanimarse ni siquiera ante disidencias, protestas o cualquier tipo de acusación, como, por ejemplo, la de hacer proselitismo o la de supuestos intentos de clericalizar la vida social. Sobre todo, no puede dejar de proclamar el Evangelio. Ya san Pablo fue consciente de esto cuando escribió a su discípulo: «Proclama la Palabra, insiste a tiempo y a destiempo, rebate, reprende, reprocha, exhorta con toda paciencia y deseo de instruir» (*2 Tm* 4, 2). Este deber tan íntimo, confirmado por aquellas otras palabras de Pablo: «¡Ay de mí si no anuncio el Evangelio!» (*1 Co* 9, 16), ¿de dónde proviene? ¡Está muy claro! Surge del saber muy bien que, bajo el cielo, ningún otro nombre nos puede salvar, sino uno solo: el de Cristo (cf. *Hch* 4, 12).

«¡Cristo, sí, Iglesia, no!», objetan algunos contemporáneos. Aparte la protesta que implica, en este lema podría apreciarse una cierta apertura a Cristo, que la Ilustración excluía. Pero es una apertura aparente. Cristo, en efecto, cuando es aceptado realmente, lleva siempre consigo la Iglesia, que es su Cuerpo místico. Cristo no existe sin la Encarnación, Cristo no existe sin la Iglesia. La Encarnación del Hijo de Dios en la naturaleza humana se prolonga, por voluntad suya, en la comunidad de los seres humanos que Él mismo constituyó, garantizándoles su presencia constante: «Yo estoy con vosotros todos los días, hasta el fin del mundo» (*Mt*

28, 20). Naturalmente, la Iglesia, como institución humana, necesita purificarse y renovarse siempre. Así lo ha reconocido el Concilio Vaticano II con toda franqueza. [5] Sin embargo, como Cuerpo de Cristo, la Iglesia es la condición de su presencia y actuación en el mundo.

Se puede decir que todas las reflexiones hasta ahora expuestas reflejan, directa o indirectamente, los criterios que han inspirado las iniciativas tomadas para celebrar el final del segundo milenio del nacimiento de Cristo y el inicio del tercero. He hablado de esto en las dos Cartas apostólicas dirigidas a la Iglesia y también, en cierto sentido, a todos los hombres de buena voluntad, con motivo de este acontecimiento. Tanto en la *Tertio millennio adveniente* como en la *Novo millennio ineunte*, he subrayado cómo el Gran Jubileo concernía a todo el género humano en mayor medida que cualquier otro acontecimiento hasta ahora. Cristo pertenece a la historia universal de toda la humanidad y le da forma. La vivifica en el modo que le es propio, a semejanza de la levadura evangélica. Desde la eternidad hay un proyecto de elevar en Cristo al hombre y al mundo a una dimensión divina. Es una transformación que se realiza permanentemente, también en nuestro tiempo.

La visión de la Iglesia esbozada en la Constitución *Lumen gentium* exigía en cierto modo ser completada. Ya lo intuyó con perspicacia Juan XXIII, que en las últimas semanas antes de su muerte decidió que el Concilio elaborara un documento específico sobre la Iglesia en el mundo contemporáneo. Aquel trabajo resultó sumamente fecundo. La Constitución *Gaudium et spes* abrió la Iglesia a todo lo que se compendia en el concepto «mundo». Es sabido que este término tiene un doble significado en la Sagrada Escritura. Por ejemplo, el «espíritu de este mundo»

(*1 Co* 2, 12) indica todo aquello que aleja al hombre de Dios. Hoy se podría corresponder al concepto de secularización laicista. Sin embargo, la Sagrada Escritura contrarresta este significado negativo del mundo con otro positivo: el mundo como la obra de Dios, como el conjunto de los bienes que el Creador dio al hombre y encomendó a su iniciativa y clarividencia. El mundo, que es como el teatro de la historia del género humano, lleva las marcas de su habilidad, de sus derrotas y victorias. Aunque mancillado por el pecado del hombre, ha sido liberado por Cristo crucificado y resucitado, y espera llegar, contando también con el compromiso humano, a su pleno cumplimiento. [6] Se podría decir, parafraseando a san Ireneo: *Gloria Dei, mundus secundum amorem Dei ab homine excultus,* la gloria de Dios es el mundo perfeccionado por el hombre según el amor de Dios.

20. RELACIÓN DE
LA IGLESIA
CON EL ESTADO

La Iglesia lleva a cabo su cometido misionero en una determinada sociedad y en el territorio de un país concreto. Usted, Santidad, ¿cómo ve la relación de la Iglesia con el Estado en la situación actual?

En la Constitución *Gaudium et spes*, leemos: «La comunidad política y la Iglesia son entre sí independientes y autónomas en su propio campo. Sin embargo, ambas, aunque por diverso título, están al servicio de la vocación personal y social de los mismos hombres. Este servicio lo realizarán tanto más eficazmente en bien de todos cuanto procuren mejor una sana cooperación entre ambas, teniendo en cuenta también las circunstancias de lugar y tiempo. Pues el hombre no está limitado al mero orden temporal, sino que, viviendo en la historia humana, conserva íntegra su vocación eterna» (n. 76). Así pues, el significado que tiene para el Concilio el término «separación» entre la Iglesia y el Estado, es muy distinto del que querían darle los sistemas totalitarios. Sin duda fue una sorpresa y, en cierto modo, un desafío para muchos países, sobre todo para aquellos gobernados por regímenes comunistas. Éstos, naturalmente, no podían impugnar la posición del Concilio, pero se daban cuenta al mismo tiempo del contraste con su concepto de «separación» entre la Iglesia y el Estado. En su visión, en efecto, el mundo pertenece exclusivamente al Estado; la Iglesia tiene su propio campo de acción, que en cierto sentido es «ultramundano». La visión conciliar de la Iglesia «en» el mundo rechaza este punto de vista. Para la Iglesia, el mundo es una tarea y un reto. Lo es para todos los cristianos y, de modo especial, para los católicos laicos. El Concilio planteó con énfasis la cuestión del apostolado de los laicos, especialmente de la presencia activa de los cristianos en la vida social. Pero precisamente este ámbito, según la ideología marxista, debía ser dominio exclusivo del Estado y del partido.

Vale la pena recordarlo, porque hoy existen partidos que, si bien son de talante democrático, demuestran una creciente propensión a interpretar el principio de la separación entre la Iglesia y el Estado según el criterio que era propio de los gobiernos comunistas. Naturalmente, ahora las sociedades disponen de medios adecuados de autodefensa. Pero hace falta ponerlos en práctica. Precisamente en este punto, preocupa una cierta pasividad que se nota en la postura de los ciudadanos creyentes. Se tiene la impresión de que en otras épocas había una sensibilidad más viva respecto a sus propios derechos en el campo religioso y, por tanto, era más ágil su reacción para defenderlos con los medios democráticos disponibles. Hoy todo esto parece en cierto modo atenuado, e incluso paralizado, tal vez por una insuficiente preparación de las élites políticas.

En el siglo XX hubo muchas tentativas para que el mundo dejara de creer y rechazara a Cristo. A finales de siglo, y también del milenio, estas actividades destructivas se han debilitado, pero dejando tras de sí una gran devastación. Han provocado un deterioro de las conciencias, con consecuencias ruinosas en el campo de la moral, tanto por lo que se refiere a la persona y a la familia como a la ética social. Lo saben mejor que nadie los sacerdotes que están diariamente en contacto con la vida espiritual de las personas. Cuando tengo ocasión de conversar con ellos, me cuentan a menudo relatos estremecedores. Europa, al filo de dos milenios, podría definirse, lamentablemente, como un continente asolado. Los programas políticos, encaminados sobre todo hacia el desarrollo económico, no bastarán por sí solos para sanar estas heridas. Pueden incluso empeorarlas. Se abre así un enorme campo de trabajo para la Iglesia. En el mundo contemporáneo, la mies evangélica es verdaderamente inmensa. Sólo queda rogar al Señor —y hacerlo con insistencia— que mande obreros a esta mies, en espera de la cosecha.

21. EUROPA EN EL CONTEXTO DE OTROS CONTINENTES

Tal vez, Santo Padre, podría ser instructivo considerar a Europa desde el punto de vista de su relación con los otros continentes. Usted, Santidad, participó en los trabajos del Concilio y ha tenido muchos encuentros con personalidades de todo el mundo, especialmente durante sus numerosas peregrinaciones apostólicas. ¿Qué impresiones ha tenido de dichos encuentros?

Me refiero sobre todo a las experiencias que tuve como obispo, tanto durante el Concilio como, después, en la colaboración con diversos Dicasterios de la Curia Romana. Significó mucho para mí la participación en las asambleas del Sínodo de los Obispos. Todos estos encuentros me permitieron hacerme una idea bastante precisa de las relaciones entre Europa y los países no europeos y, sobre todo, con las Iglesias fuera de Europa. A la luz de la doctrina conciliar, dichas relaciones debían regirse por el criterio de la *communio ecclesiarum*, una comunión que se traduce en un intercambio de bienes y servicios, con el resultado de un enriquecimiento mutuo. La Iglesia Católica en Europa, sobre todo en Europa occidental, convive desde hace siglos con los cristianos de la Reforma; en el Oriente predominan los ortodoxos. Fuera de Europa, el continente más católico es el latinoamericano. En Norteamérica los católicos son mayoría relativa. Algo parecida es la situación en Australia y Oceanía. En Filipinas, la Iglesia representa la mayoría de la población. En el continente asiático, los católicos son minoría. África es un continente misionero, donde la Iglesia continúa haciendo notables progresos. La mayoría de las Iglesias no europeas se han formado gracias a la actividad misionera, que ha tenido su punto de partida en Europa. Hoy son Iglesias con su propia identidad y una clara especificidad. Si bien históricamente las Iglesias de América del Sur o del Norte, las africanas o las asiáticas, pueden considerarse una «emanación» de Europa, hoy son de hecho una especie de contrapeso espiritual para el Viejo Continente, tanto más importante cuanto más avanza en éste el proceso de descristianización.

Durante el siglo XX se creó una situación de concurrencia entre tres mundos. La expresión es conocida: durante la dominación comunista en el Este de Europa, se comenzó a llamar Segundo Mundo al que quedó tras el telón de acero, el mundo colectivista, contrapuesto al Primer Mundo, el capitalista, en el Occidente. Todo lo que se encontraba fuera de este ámbito se llamaba Tercer Mundo, refiriéndose sobre todo a los países en vías de desarrollo.

Con el mundo así dividido, la Iglesia se percató muy pronto de que era necesario articular el modo de llevar a cabo su propia tarea, que es la evangelización. Así, al tratar de la justicia social, un aspecto de primera importancia para la la evangelización, la Iglesia ha seguido apoyando el desarrollo justo en su actividad pastoral entre los habitantes del mundo capitalista, pero sin ceder a los procesos de descristianización radicados en las viejas tradiciones ilus-tradas. A su vez, con relación al Segundo Mundo, el comunista, la Iglesia sintió la necesidad de luchar sobre todo por los derechos del hombre y los derechos de las naciones. Así ocurrió tanto en Polonia como en los países vecinos. Respecto a los países del Tercer Mundo, además de cristianizar las comunidades locales, la Iglesia ha asu-mido la tarea de subrayar la injusta distribución de los bienes, ya no sólo entre los diversos grupos sociales, sino entre distintas zonas de la tierra. En efecto, resultaba cada vez más clara la desigualdad entre el norte rico, y cada día más rico, y el sur pobre, que incluso después de la colonización seguía siendo explotado y penalizado de muchas maneras. La pobreza del sur, en vez de disminuir, aumen-taba constantemente. Resultaba obligado reconocer en esto una consecuencia del capitalismo incontrolado que, si por un lado ser-vía para enriquecer aún más a los ricos, por otro ponía a los pobres en condiciones de un empobrecimiento cada vez más dramático.

Ésta es la imagen de Europa y del mundo que saqué de los con-tactos con los obispos de otros continentes durante las sesiones conciliares y en otras ocasiones después. Tras la elección a la Sede de Pedro, el 16 de octubre de 1978, tanto estando en Roma como durante mis visitas pastorales a las diversas Iglesias diseminadas por todo el mundo, he podido confirmar y profundizar esta visión, y en esta perspectiva he desempeñado mi ministerio al servicio de la evangelización del mundo, en gran medida impregnado ya del Evangelio. En estos años he prestado siempre mucha atención a las tareas que nacen en las fronteras entre la Iglesia y el mundo con-temporáneo. La Constitución *Gaudium et spes* habla del «mundo», pero es sabido que con dicho término se designan varios mundos diferentes. Hice notar precisamente esto, ya durante el Concilio, tomando la palabra como Metropolitano de Cracovia.

DEMOCRACIA:
POSIBILIDADES Y RIESGOS

22. LA DEMOCRACIA CONTEMPORÁNEA

La Revolución francesa difundió en el mundo el lema «libertad, igualdad, fraternidad» como programa de la democracia moderna. ¿Cómo valora, Santo Padre, el sistema democrático en su versión occidental?

Las reflexiones hilvanadas hasta ahora nos han acercado a una cuestión que parece tener especial relieve en la civilización europea: la democracia, entendida no solamente como un sistema político, sino también como mentalidad y comportamiento. La democracia hunde sus raíces en la tradición griega, aunque en la antigua Hélade no tenía el mismo significado que ha adquirido en los tiempos modernos. Es bien conocida la distinción clásica entre las tres formas posibles de régimen político: monarquía, aristocracia y democracia. Cada uno de estos sistemas da su propia respuesta a la pregunta sobre quién es el sujeto original del poder. Según la concepción monárquica, es un individuo: rey, emperador o príncipe soberano. En el sistema aristocrático es un grupo social que ejerce el poder en virtud de méritos particulares, como, por ejemplo, el valor en el campo de batalla, el origen social o el nivel económico. En el sistema democrático, el sujeto del poder es toda la sociedad, todo el «pueblo», en griego *demos*. Obviamente, dado que la gestión del poder no puede ser ejercida por todos al mismo tiempo, la forma de gobierno democrática se sirve de los representantes del pueblo, designados mediante elecciones libres.

Estas tres formas de gobierno se han dado en la historia de las diversas sociedades y todavía siguen existiendo, si bien la tendencia contemporánea sea decididamente favorable a la democracia, como la fórmula que responde mejor a la naturaleza racional y social del hombre y, en definitiva, a las exigencias de la justicia social. Porque no resulta difícil aceptar que, si la sociedad se compone de hombres, y el hombre es un ser social, se debe otorgar a cada uno una participación en el poder, aunque sea indirecta.

En la historia polaca se puede observar el paso gradual de uno a otro de estos sistemas políticos, y también su progresiva compenetración. El Estado de los Piast tuvo carácter sobre todo monárquico, con los Jagellones la monarquía se hizo cada vez más constitucional y, cuando se extinguió la dinastía, aun permaneciendo monárquico, el gobierno se apoyó en la oligarquía creada por la nobleza. Pero, al ser ésta bastante numerosa, se debió recurrir a una elección democrática de quienes ostentaban la representación de los nobles. Surgió una especie de democracia nobiliaria. De este modo, pues, la monarquía constitucional y la democracia nobiliaria convivieron durante varios siglos en el mismo Estado. En las fases iniciales esto constituyó la fuerza del Estado polaco-lituano-ruteno, pero con el transcurso del tiempo y el cambio de circunstancias se puso al descubierto cada vez más la debilidad y los desequilibrios de dicho sistema, que terminaron por llevar a la pérdida de la independencia.

Cuando volvió a ser libre, la República polaca se constituyó como un país democrático, con un presidente y un Parlamento compuesto de dos cámaras. Tras la caída de la llamada República Popular de Polonia en 1989, la Tercera República adoptó un sistema análogo al vigente antes de la Segunda Guerra Mundial. Por lo que se refiere al período de la Polonia Popular, se debe decir que, aunque se autodenominaba «democracia popular», el poder estaba de hecho en manos del partido comunista (oligarquía de partido) y su secretario general era a la vez el primer cargo político del país.

Esta visión retrospectiva de la historia de las diferentes formas de gobierno nos permite entender mejor el valor, también ético y social, de los presupuestos democráticos de un sistema. Así, mientras en los sistemas monárquicos y oligárquicos (en la democracia nobiliaria polaca, por ejemplo) una parte de la sociedad (a menudo la inmensa mayoría) está condenada a un papel pasivo o subordinado, porque el poder está en manos de minorías, en los regímenes democráticos esto no debería ocurrir. Pero, ¿es cierto que no ocurre? Esta pregunta se justifica por algunas situaciones que se producen en la democracia. En todo caso, la ética social católica apoya en principio la solución democrática, porque responde mejor a la naturaleza racional y social del hombre, como ya he dicho. Pero está lejos —conviene precisarlo— de «canonizar» este sistema. En efecto, sigue siendo verdad que las tres soluciones teorizadas —monarquía, aristocracia y democracia— pueden servir, en determinadas condiciones, para realizar el objetivo esencial del poder, es decir, el bien común. En todo caso, el presupuesto indispensable de cualquier solución es el respeto de las normas éticas fundamentales. Ya para Aristóteles, la política no es otra cosa sino ética social. Lo cual significa que si un cierto sistema de gobierno no se corrompe es porque en él se practican las virtudes cívicas. La tradición griega supo también calificar diferentes formas de corrupción en los diversos sistemas. Y así, la monarquía puede degenerar en tiranía y, para las formas patológicas de la democracia, Polibio acuñó el nombre de «oclocracia», o sea, el gobierno de la plebe.

Tras el ocaso de las ideologías del siglo XX, y especialmente la caída del comunismo, muchas naciones han puesto sus esperanzas en la democracia. Pero precisamente a este respecto cabe preguntarse: ¿cómo debería ser una democracia? Frecuentemente se oye decir que con la democracia se realiza el verdadero Estado de derecho. Porque en este sistema la vida social se regula por las leyes que establecen los parlamentos, que ejercen el poder legislativo. En ellos se elaboran las normas que regulan el comportamiento de los ciudadanos en las diversas esferas de la vida social. Naturalmente, cada sector de la vida social requiere una legislación específica para desarrollarse ordenadamente. Con el procedimiento descrito, un Estado de Derecho pone en práctica el postulado de toda democracia: formar una sociedad de ciudadanos libres que trabajan conjuntamente para el bien común.

Dicho esto, puede ser útil referirse una vez más a la historia de Israel. He hablado ya de Abraham como el hombre que tuvo fe en la promesa de Dios, aceptó su palabra y se convirtió así en padre de muchas naciones. Desde este punto de vista, es significativo que se remitan a Abraham tanto los hijos e hijas de Israel como los cristianos. También lo hacen los musulmanes. Sin embargo, hay que precisar de inmediato que el fundamento del Estado de Israel como sociedad organizada no es Abraham, sino Moisés. Fue Moisés quien condujo a sus compatriotas fuera de la tierra egipcia y, durante la travesía del desierto, se convirtió en el verdadero artífice de un Estado de derecho en el sentido bíblico de la palabra. Es una cuestión que merece destacarse: Israel, como pueblo escogido de Dios, era una sociedad teocrática, en la cual Moisés no solamente era un líder carismático, sino también el profeta. Su cometido era poner, en nombre de Dios, las bases jurídicas y religiosas del pueblo. En esta actividad de Moisés, el momento clave fue lo acontecido al pie del monte de Sinaí. Allí se estipuló el pacto de alianza entre Dios y el pueblo de Israel, basada en la ley que Moisés recibió de Dios en la montaña. Esencialmente, esta ley era el Decálogo: diez palabras, diez principios de conducta, sin los cuales ninguna comunidad humana, ninguna nación ni tampoco la sociedad internacional puede lograr su plena realización. Los mandamientos esculpidos en las dos tablas que recibió Moisés en el Sinaí están grabados al mismo tiempo en el corazón del hombre. Lo enseña Pablo en la Carta a los Romanos: «Muestran tener la realidad de esa ley escrita en su corazón, atestiguándolo su conciencia con sus juicios contrapuestos que les acusan» (2, 15). La ley divina del Decálogo tiene valor vinculante como ley natural también para los que no aceptan la Revelación: no matar, no fornicar, no robar, no dar falso testimonio, honra a tu padre y a tu madre… Cada una de estas palabras del código del Sinaí defiende un bien fundamental de la vida y de la convivencia humana. Si se cuestiona esta ley, la concordia humana se hace imposible y la existencia moral misma se pone en entredicho. Moisés, que baja de la montaña con las tablas de los Mandamientos, no es su autor. Es más bien el servidor y el portavoz de la Ley que Dios le dio en el Sinaí. Sobre esta base formularía después un código de conducta muy detallado, que dejaría a los hijos e hijas de Israel en el Pentateuco.

Cristo confirmó los mandamientos del Decálogo como

núcleo normativo de la moral cristiana, destacando que todos ellos se sintetizan en el más grande mandamiento, el del amor a Dios y al prójimo. Por lo demás, es notorio que Él, en el Evangelio, da una acepción universal al término «prójimo». El cristiano está obligado a un amor que abarca a todos los hombres, incluidos los enemigos. Cuando estaba escribiendo el estudio *Amor y responsabilidad*, el más grande de los mandamientos me pareció una norma personalista. Precisamente porque el hombre es un ser personal, no se pueden cumplir las obligaciones para con él si no es amándolo. Del mismo modo que el amor es el mandamiento más grande en relación con un Dios Persona, también el amor es el deber fundamental respecto a la persona humana, creada a imagen y semejanza de Dios.

Este mismo código moral que proviene de Dios, sancionado en la Antigua y en la Nueva Alianza, es también fundamento inamovible de toda legislación humana, en cualquier sistema y, en particular, en el sistema democrático. La ley establecida por el hombre, por los parlamentos o por cualquier otra entidad legislativa, no puede contradecir la ley natural, es decir, en definitiva, la ley eterna de Dios. Santo Tomás formuló la conocida definición de ley: *Lex est quaedam rationis ordinatio ad bonum commune, ab eo qui curam communitatis habet promulgata*, la ley es una ordenación de la razón al bien común, promulgada por quien tiene a su cargo la comunidad.[1] En cuanto «ordenamiento de la razón», la ley se funda en la verdad del ser: la verdad de Dios, la verdad del hombre, la verdad de la realidad creada en su conjunto. Dicha verdad es la base de la ley natural. El legislador le añade el acto de la promulgación. Es lo que sucedió en el Sinaí con la Ley de Dios, y lo que sucede en los parlamentos en sus actividades legislativas.

Llegados a este punto, surge una cuestión de capital importancia para la historia europea del siglo XX. En los años treinta, un parlamento legalmente elegido permitió el acceso de Hitler al poder en Alemania, y el mismo Reichstag, al darle plenos poderes (*Ermächtigungsgesetz*), le abrió el paso al proyecto de invadir Europa, a la organización de los campos de concentración y a la puesta en marcha de la llamada «solución final» de la cuestión judía, como llamaban al exterminio de millones de hijos e hijas de Israel. Basta recordar estos hechos de tiempos recientes para darse cuenta con claridad de cómo la ley establecida por el hombre tiene sus propios límites que no puede violar. Son los límites marcados por la ley natural, mediante la cual Dios mismo protege los bienes fundamentales del hombre. Los crímenes nazis tuvieron su Nuremberg, donde los responsables fueron juzgados y castigados por la justicia humana. No obstante, hay muchos otros casos en que no ha sido así, aunque queda siempre el supremo tribunal del Legislador divino. El modo en que la Justicia y la Misericordia están en Dios a la hora de juzgar a los hombres y la historia de la humanidad permanece envuelto en un profundo misterio.

Ésta es la perspectiva, como ya he dicho, desde la cual se pueden cuestionar, al comienzo de un nuevo siglo y milenio, algunas decisiones legislativas tomadas en los parlamentos de los actuales regímenes democráticos. Lo primero que salta a la vista son las leyes abortistas. Cuando un parlamento legaliza la interrupción del embarazo, aceptando la supresión de un niño en el seno de la madre, comete una grave injuria para con un ser humano inocente y, además, sin capacidad alguna de autodefensa. Los parlamentos que aprueban y promulgan semejantes leyes han de ser conscientes de que se extralimitan en sus competencias y se ponen en patente contradicción con la ley de Dios y con la ley natural.

23. ¿RETORNO A EUROPA?

La relación de Polonia con la nueva Europa es un aspecto muy actual. Cabría preguntarse cuáles son las tradiciones que unen Polonia con Europa occidental contemporánea. ¿Pueden surgir problemas por su reciente inclusión en los organismos europeos? Santo Padre, ¿cómo ve el lugar y el papel de Polonia en Europa?

Después de la caída del comunismo, se comenzó a decir en Polonia que la nación necesitaba reincorporarse a Europa. Había ciertamente razones bien fundadas a favor de este planteamiento. En efecto, el sistema totalitario impuesto por el Este nos había separado sin duda de Europa. El llamado «telón de acero» era más que elocuente. No obstante, desde otro punto de vista, la tesis del «retorno a Europa» no parecía del todo apropiada, teniendo en cuenta el último período de nuestra historia. Porque, aunque quedamos separados políticamente del resto del continente, los polacos no escatimaron esfuerzos en esos años para dar su propia contribución a la creación de una nueva Europa. A este respecto, ¿cómo olvidar la lucha heroica contra el agresor nazi en

1939 y, luego, en 1944, también la insurrección con la cual Varsovia reaccionó al horror de la ocupación? Posteriormente, ha sido muy importante el desarrollo de Solidarnos´c´, que condujo a la caída del sistema totalitario en el Este, no sólo en Polonia, sino también en los países vecinos. Así pues, resulta difícil aceptar sin más precisiones la tesis, según la cual Polonia «debía volver a Europa». Porque el país estaba ya en Europa y había participado en su formación. He hablado de esto en otras ocasiones, protestando en cierto modo ante la injusticia que se hace a Polonia y a los polacos con la tesis malentendida de su «retorno a Europa».

Precisamente esta protesta me lleva a repasar la historia de Polonia y a preguntarme sobre lo que la nación ha aportado a la formación del llamado «espíritu europeo». Es una aportación que se remonta a siglos atrás, hasta el «Bautismo de Polonia» y, en particular, al Congreso de Gniezno en el año 1000. Recibiendo el bautismo de la vecina Bohemia, los primeros soberanos de la Polonia de los Piast se esforzaron en crear en este lugar de Europa una estructura estatal que, a pesar de sus debilidades históricas, fue capaz de sobrevivir e, incluso, de convertirse en un bastión contra las presiones externas.

Por consiguiente, los polacos hemos tomado parte en la formación de Europa y contribuido al desarrollo de la historia del continente, defendiéndolo incluso con las armas. Baste recordar, por ejemplo, la batalla de Legnica (1241), con la cual Polonia frenó la invasión de Europa por los mongoles.[2] Y, ¿qué decir de toda la cuestión de los caballeros de la Orden Teutónica, a la que se refiere incluso el Concilio de Constanza (1414-1418)?[3] Pero la aportación de Polonia no ha sido sólo militar. También en el ámbito de la cultura ha dado su propia contribución. A este respecto se suelen mencionar los méritos de la Escuela de Salamanca, especialmente al dominico español Francisco de Vitoria (1492-1546), en la elaboración del derecho internacional. Y es justo. Pero no se puede olvidar que, ya antes, el polaco Pawel-Wl-odkowic (1370-1435) proclamaba los mismos principios como fundamento de la convivencia ordenada entre los pueblos. No convertir con la espada, sino con la persuasión —*Plus ratio quam vis*— es la regla de oro de la Universidad Jagellona, que tanto ha contribuido a promover la cultura europea. Por ella pasaron eminentes científicos como, por ejemplo, Mateusz de Cracovia (1330-1410) y Nicolás Copérnico (1473-1543). Hay otro dato más que merece ser citado: cuando Europa occidental estaba sumida en las guerras de religión sucesivas a la Reforma, guerras a las que se trataba de poner fin, erróneamente, mediante el principio *cuius regio eius religio*, el último de los Jagellones, Segismundo Augusto, afirmaba solemnemente: «No soy rey de vuestras conciencias». Efectivamente, en Polonia no hubo guerras de religión. Había, más bien, una tendencia a establecer acuerdos y uniones: de una parte, en política, la unión con Lituania, y de otra, en la vida eclesial, la unión de Brzesc concertada a finales del siglo XVI entre la Iglesia católica y los cristianos del rito oriental. Aunque se sabe muy poco de todo esto en el Occidente, no se puede desconocer su aportación sustancial a la formación del espíritu cristiano de Europa. Precisamente por esto, el siglo XVI es llamado con verdad el «siglo de oro» de Polonia.

Por el contrario, en el siglo XVII, especialmente en la segunda mitad, aparecen ciertos síntomas de crisis tanto en la política —interior e internacional— como en la vida religiosa. Desde este punto de vista, la defensa de Jasna Góra en 1655 [4] no sólo tiene un cierto carácter de milagro histórico, sino que puede interpretarse también como una advertencia para el futuro, en el sentido de que puso en guardia ante el peligro proveniente tanto del Occidente, dominado por el principio *cuius regio eius religio*, como del Oriente, donde se fortalecía cada vez más el poder ilimitado de los zares. A la luz de estos acontecimientos, podría decirse que los polacos tienen cierta culpa respecto a Europa y el espíritu europeo, porque echaron a perder la magnífica herencia de los siglos XV y XVI.

El siglo XVIII fue un período de profunda decadencia. Los polacos dejaron marchitar la herencia de los Jagellones, de Stefan Bátory y de Juan III Sobieski. No se puede olvidar que, ya a finales del siglo XVII, precisamente Juan III Sobieski salvó a Europa de la amenaza otomana en la batalla de Viena (1683). Fue una victoria que alejó de Europa aquel peligro durante mucho tiempo. En cierto sentido, en Viena se repitió lo ocurrido en el siglo XIII en Legnica. En el siglo XVIII, los polacos tuvieron la culpa de no cuidar aquella herencia, cuyo último defensor fue el vencedor en Viena. Se sabe que la entrega de la nación a los reyes de la dinastía sajona se llevó a cabo bajo presión externa, sobre todo de Rusia, que aspiraba a su destrucción, no solamente de la República de Polonia, sino también de los valores de los que era portadora. A lo largo del siglo XVIII, los polacos no supieron frenar este proceso de disgregación ni defenderse del influjo destructivo del *liberum veto*.[5] La nobleza no fue capaz de devolver los legítimos derechos al tercer Estado ni, sobre todo, a las grandes masas de campesinos, para liberarlos de la servidumbre de la gleba y hacerlos ciudadanos corresponsables de la República. Éstas son las culpas de la sociedad nobiliaria y, en buena parte, de la aristocracia, de los mandatarios del Estado y, lamentablemente, también de algunos dignatarios eclesiásticos.

En este gran examen de conciencia sobre nuestra aportación

a Europa, es necesario, pues, detenerse de modo particular en la historia del siglo XVIII. Esto nos permitirá darnos cuenta de las muchas culpas y omisiones, pero también reconocer lo que, en el siglo XVIII, fue comienzo de renovación. ¿Acaso se puede olvidar, por ejemplo, la Comisión de Educación Nacional, los primeros intentos de resistencia armada ante los invasores y, sobre todo, la gran obra de la Dieta de los Cuatro Años?[6] Con todo, la magnitud de las culpas y omisiones fue mucho mayor e hizo precipitar a Polonia. Pero, aun cayendo, llevó consigo como testamento todo lo que después haría brotar su reconstrucción e independencia, así como su aportación a la construcción de Europa. Un capítulo que, sin embargo, comenzaría sólo tras la caída de los sistemas decimonónicos y de la llamada Santa Alianza.

Al recuperar la independencia en 1918, Polonia pudo participar de nuevo activamente en la formación de Europa. Gracias a algunos políticos relevantes y a eminentes economistas, fue posible alcanzar notables resultados en breve tiempo. A decir verdad, en Occidente, sobre todo en Gran Bretaña, se consideraba a Polonia con recelo. Pero la nación se fue haciendo año tras año un interlocutor digno de confianza en la Europa de la posguerra. Un socio valiente, como se demostró en 1939: mientras las democracias occidentales se hacían ilusiones de poder lograr algo tratando con Hitler, Polonia decidió aceptar la guerra, a pesar de la neta inferioridad de sus fuerzas militares y tecnológicas. Las autoridades polacas consideraron que en aquel momento eso era imprescindible para defender el futuro de Europa y del espíritu europeo.

Cuando la tarde del 16 de octubre de 1978 me asomé por vez primera al balcón de la Basílica de San Pedro para saludar a los romanos y a los peregrinos reunidos en la plaza en espera del resultado del Cónclave, dije que venía «de un país lejano». En el fondo, la distancia no era tanta. Hoy son apenas dos horas de vuelo. Hablando de lejanía pensaba en el «telón de acero», todavía existente en aquel momento. El Papa, que provenía de la otra parte del telón de acero, venía de lejos en sentido muy verdadero, aunque en realidad venía del corazón mismo de Europa. En efecto, el centro geográfico de Europa se encuentra en territorio polaco.

Durante los años del telón de acero, casi se llegó a olvidar a la Europa central. Se aplicaba de manera bastante mecánica la división entre el Este y el Oeste, reconociendo a Berlín, capital de Alemania, como una ciudad símbolo, perteneciente por una parte a Alemania Federal y, por otra, a la República Democrática Alemana. En realidad, esta división era del todo artificial. Servía a objetivos políticos y militares. Establecía las fronteras entre dos bloques, pero sin contar con la historia de los pueblos. Para los polacos era inaceptable ser calificados como un pueblo del Este, teniendo en cuenta, además, que precisamente en aquellos años sus fronteras se habían extendido hacia el Este. Supongo que algo parecido debió suceder a los checos, eslovacos o húngaros, así como a los lituanos, letones o estonios.

Desde este punto de vista, elegir un Papa de Polonia, de Cracovia, podría ser todo un un símbolo. No se trataba sólo de llamar a un hombre concreto, sino a toda la Iglesia con la que estaba vinculado desde su nacimiento; indirectamente, era una llamada también a la nación a la que pertenecía. Me parece que el cardenal Stefan Wyszyn´ski lo ha visto y expresado con suma claridad. Personalmente, siempre he estado convencido de que la elección de un polaco como Papa puede tener una explicación en lo que el Primado del Milenio y, con él, el Episcopado y la Iglesia polacos, han logrado a pesar de las limitaciones opresivas y las persecuciones a las que estaban sometidos en aquellos años difíciles.

Cuando Cristo envió a sus Apóstoles hasta los confines del mundo, les dijo también que habrían de ser «sus testigos» (*Hch* 1, 8). Todos los cristianos están llamados a dar testimonio de Cristo. Y de modo particular los pastores de la Iglesia. Al llamar a la Sede de Roma a un cardenal de Polonia, el Cónclave hizo una elección comprometida; era como si quisiera recabar el testimonio de la Iglesia de la cual provenía este cardenal, y lo quisiera para el bien de la Iglesia universal. En cualquier caso, aquella elección tuvo un significado particular para Europa y para el mundo. Porque desde hacía casi cinco siglos era tradición que el sucesor en la Sede de Pedro fuera un cardenal italiano. La elección de un polaco, pues, parecía un cambio neto. Era la prueba de que el Cónclave, siguiendo las indicaciones del Concilio, había tratado de leer los «signos de los tiempos» y, a su luz, madurar las propias decisiones.

En este contexto, podría ser útil reflexionar sobre la aportación que puede dar hoy Europa centro-oriental a la creación de una Europa unida. He hablado sobre este tema en diferentes ocasiones. A mi modo de ver, la contribución más significativa que pueden dar las naciones de esta zona es la defensa de la propia identidad. Son naciones que han conservado su identidad, y la han reforzado incluso, a pesar de todas las transformaciones impuestas por la dictadura comunista. Para ellas, la lucha por la identidad nacional era una cuestión de supervivencia. Hoy, ambas partes de Europa —occidental y oriental— se están acercando. Este fenómeno, sumamente positivo en sí mismo, implica también sus riesgos. Me parece que la amenaza fundamental para Europa oriental es una cierta ofuscación de su propia identidad. En el período de la autodefensa ante el totalitarismo marxista, esta parte de Europa recorrió un camino de maduración espiritual, gracias a lo cual ciertos valores esenciales para la vida humana se degradaron menos que en Occidente. Allá, por ejemplo, sigue viva aún la convicción de que Dios es el sumo garante de la dignidad humana y de sus derechos. ¿Dónde, pues, están los riesgos? En ceder sin espíritu crítico a las influencias de los modelos culturales negativos esparcidos por el Occidente. Esto es uno de los retos más serios hoy para Europa centro-oriental, donde dichos modelos pueden parecer una especie de «promoción cultural». Pienso que, precisamente desde este punto de vista, se está produciendo actualmente una gran confrontación espiritual, de cuyo resultado dependerá la imagen de la Europa que se está perfilando al inicio de este milenio.

En 1994 tuvo lugar en Castel Gandolfo un simposio sobre el tema de la identidad de las sociedades europeas (*Identity in Change*). La cuestión en torno a la cual se desarrollaba el debate se refería a los cambios que introdujeron los acontecimientos del siglo XX en la conciencia de la identidad europea y de la identidad nacional, en el contexto de la civilización moderna. Al comienzo del simposio, Paul Ricoeur habló de la memoria y el olvido como dos fuerzas importantes, y en cierto modo contrapuestas, que actúan en la historia del hombre y de las sociedades. La memoria es la facultad que fragua la identidad de los seres humanos, tanto en lo personal como en lo colectivo. Porque a través de ella se forma y se concretiza en la psique de la persona el sentido de identidad. Entre tantos comentarios interesantes que oí entonces, hubo uno que me llamó poderosamente la atención. Cristo conocía esta ley de la memoria y recurrió a ella en un momento clave de su misión. Cuando instituyó la Eucaristía durante la Última Cena, dijo: «Haced esto en recuerdo mío» (*Hoc facite in meam commemorationem*: *Lc* 22, 19). La memoria evoca recuerdos. Así pues, la Iglesia es de algún modo la «memoria viva» de Cristo: del misterio de Cristo, de su pasión, muerte y resurrección, de su Cuerpo y de su Sangre. Esta «memoria» se realiza mediante la Eucaristía. En consecuencia, los cristianos, celebrando la Eucaristía, es decir, haciendo «memoria» de su Señor, descubren continuamente su propia identidad. La Eucaristía manifiesta algo más profundo aún y a la vez más universal: la divinización del hombre y de la nueva creación en Cristo. Habla de la Redención del mundo. Pero esta memoria de la redención y de la divinización del hombre, tan profunda y universal, es también fuente de muchas otras dimensiones de la memoria del hombre, tanto personal como comunitariamente considerado. Permite al hombre entenderse a sí mismo desde sus más profundas raíces y, al mismo tiempo, en la perspectiva última de su humanidad. Le hace comprender también las últimas comunidades en que se fragua su historia: la familia, la ascendencia y la nación. En fin, le permite adentrarse en la historia de la lengua y de la cultura, en la historia de todo lo que es verdadero, bueno y hermoso.

24. LA MEMORIA
MATERNAL
DE LA IGLESIA

En los últimos decenios se han producido enormes cambios en diferentes partes del mundo y se habla mucho de la necesidad de que la Iglesia se adapte a la nueva realidad cultural. Surge, pues, inexorable, la cuestión sobre la identidad de la Iglesia. Usted, Santo Padre, ¿cómo definiría los componentes de dicha identidad?

Para contestar a esta pregunta hay que referirse, una vez más, a otro aspecto de la misma cuestión. Al relatar los acontecimientos de la infancia de Jesús, san Lucas afirma: «Su madre conservaba todo esto en su corazón» (*Lc* 2, 51). Se trata del recuerdo de las palabras y, aún más, de los acontecimientos relacionados con la encarnación del Hijo de Dios. María conservaba en su corazón el misterio de la Anunciación, porque éste fue el momento en que concibió en su seno al Verbo encarnado (cf. *Jn* 1, 14). Conservaba el recuerdo de los meses que este Verbo estuvo oculto en su vientre. Después llegó el momento del nacimiento del Señor, con todo lo que acompañó este acontecimiento. María guardaba en su corazón que Jesús nació en Belén; que, por falta de lugar en la posada, nació en un establo (cf. *Lc* 2, 7). Pero su nacimiento se produjo en una atmósfera prodigiosa: los pastores de los campos cercanos vinieron para saludar al Niño (cf. *Lc* 2, 15-17); luego vinieron a Belén los tres Magos de Oriente (cf. *Mt* 2, 1-12); después, María y José tuvieron que huir a Egipto para salvar al Hijo de la crueldad de Herodes (cf. *Mt* 2, 13-15). Todo esto iba siendo fielmente guardado en la memoria de María y ella, como razonablemente se deduce, se lo comunicó a Lucas, a quien debía tener cercano. También se lo transmitió a Juan, al que Jesús, en la hora de su muerte, había confiado a su Madre.

Es cierto que Juan resume todo el Evangelio de la infancia de Jesús en una sola frase: «Y la Palabra se hizo carne, y acampó entre nosotros» (*Jn* 1, 14), enmarcando esta única afirmación en el magnífico Prólogo de su Evangelio. Pero también es cierto que sólo en Juan encontramos la descripción del primer milagro de Jesús, realizado por insinuación de su Madre (cf. *Jn* 2, 1-11). Es el único que nos ha dejado las palabras con que Jesús, a la hora de su muerte, le confió a su Madre (cf. *Jn* 19, 26-27). Obviamente, María tenía grabados todos estos acontecimientos en su memoria de manera indeleble. «Su madre conservaba todo esto en su corazón» (*Lc* 2, 51).

La memoria de María es una fuente de singular importancia para conocer a Jesús, una fuente incomparable. Ella no es sólo testigo del misterio de la Encarnación, al que ha prestado conscientemente su colaboración, sino que ha seguido paso a paso la manifestación progresiva del Hijo que crecía a su lado. Los acontecimientos son conocidos por los Evangelios. A los doce años, Jesús deja entrever a María la misión especial que él ha recibido del Padre (cf. *Lc* 2, 49). Más tarde, cuando dejó Nazaret, su Madre siguió en cierta medida unida a Él: eso hace pensar en el milagro en Caná de Galilea (cf. *Jn* 2, 1-11) y otros episodios (cf. *Mc*, 2 31-35; *Mt* 12, 46-50; *Lc* 8, 19-21). Sobre todo, María fue testigo del misterio de la pasión y de su culminación en el Calvario (cf. *Jn* 19, 25-27). Aunque no se dice en los textos bíblicos, se puede pensar que fuera la primera a quien se le apareció el Resucitado. En todo caso, María estaba presente en su Ascensión al cielo, junto con los Apóstoles en el Cenáculo en espera de la venida del Espíritu Santo y fue testigo del nacimiento de la Iglesia el día de Pentecostés.

Pues bien, esta memoria maternal de María es de suma importancia para la identidad humana-divina de la Iglesia. Se puede decir que la memoria del nuevo Pueblo de Dios la ha tomado de la memoria de María, reviviendo en la celebración eucarística los acontecimientos y las enseñanzas de Cristo, oídos también de labios de su Madre. Por lo demás, la Iglesia tiene igualmente una memoria materna, porque la Iglesia es madre que recuerda. En gran medida, la Iglesia custodia lo que vivía en los recuerdos de María.

La memoria de la Iglesia aumenta a medida que ella misma crece, como ocurre sobre todo a través del testimonio de los Apóstoles y el sufrimiento de los mártires. Es algo que se manifiesta progresivamente en la historia, ya desde los Hechos de los Apóstoles, pero que no se identifica incondicionalmente con la historia. Se denomina técnicamente con el término Tradición. Es una palabra que hace referencia a la función activa de recordar transmitiendo. Porque, ¿qué es la Tradición sino el compromiso asumido por la Iglesia de transmitir (*tradere* en latín) el misterio de Cristo y la integridad de su doctrina que ella guarda en la memoria? Es una tarea para la cual la Iglesia cuenta con la asistencia constante del Espíritu Santo. En el momento de su despedida, Cristo habla a los Apóstoles del Espíritu Santo: Él «será quien os lo enseñe todo y os vaya recordando todo lo que os he dicho» (*Jn* 14, 26). Así pues, cuando la Iglesia celebra la Eucaristía, que es el «memorial» del Señor, lo hace con la ayuda del Espíritu Santo, que, día a día, despierta y orienta su memoria. La Iglesia debe su identidad esencial a esta obra del Espíritu, tan magnífica como misteriosa, transmitida de generación en generación. Y esto dura ya desde hace dos mil años.

La memoria de esta identidad esencial que Cristo ha dado a su Iglesia es más fuerte que todas las divisiones introducidas por los hombres. Aunque en los comienzos del tercer milenio los cristianos estén divididos entre sí, son conscientes al mismo tiempo de que, en la esencia más genuina de la Iglesia, lo propio no es la división, sino la unidad. Y lo son sobre todo porque no olvidan las palabras de la institución de la Eucaristía: «Haced esto en recuerdo mío» (*Lc* 22, 19). Estas palabras son unívocas; palabras que no admiten divisiones ni escisiones.

La memoria de María expresa de modo particular esta unidad de la memoria que acompaña a la Iglesia de generación en generación a lo largo de la historia. Entre otras razones, porque María es una mujer. En cierto sentido, la memoria pertenece más al misterio de la mujer que al del varón. Así sucede en la historia de las familias, de los linajes y de las naciones, y también en la historia de la Iglesia. Hay muchos motivos para explicar el culto mariano en la Iglesia, la existencia de tantos santuarios dedicados a María en las diversas regiones de la tierra. A este respecto, el Concilio Vaticano II se expresó del modo siguiente: María «es figura de la Iglesia [...] en el orden de la fe, del amor y de la unión perfecta con Cristo. Ciertamente, en el misterio de la Iglesia, que también es llamada con razón madre y virgen, la Santísima Virgen María fue por delante mostrando en forma eminente y singular el modelo de virgen y madre».[7] María fue delante porque es la memoria más fiel o, mejor, porque su memoria es el más fiel reflejo del misterio de Dios, transmitido en Ella a la Iglesia y, por la Iglesia, a la humanidad.

No se trata sólo del misterio de Cristo. En Él se revela el misterio del hombre desde su origen. Probablemente no hay otro texto sobre el origen del hombre tan sencillo y, al mismo tiempo, tan completo como el que se lee en los tres primeros capítulos del libro del Génesis. En él no sólo se describe la creación del hombre como varón y mujer (cf. *Gn* 1, 27), sino que se expone con toda claridad su singular vocación en el cosmos. Se deja entrever además, de modo conciso pero suficientemente claro, tanto la verdad del estado originario del hombre, estado de inocencia y felicidad, como el panorama muy distinto abierto por el pecado y sus consecuencias —lo que la teología escolástica llama *status naturae lapsae* (estado de la naturaleza caída)—, así como la inmediata iniciativa divina en vista de la Redención (cf. *Gn* 3, 15).

La Iglesia conserva la memoria de la historia del hombre desde sus comienzos: de su creación, de su vocación, de su elevación y de su caída. En este marco esencial discurre toda la historia del hombre, que es la historia de la Redención. La Iglesia es la madre que, a semejanza de María, guarda en su corazón la historia de sus hijos, haciendo propios todos los problemas que les atañen.

Esta verdad ha tenido gran eco en el Gran Jubileo del año 2000. La Iglesia lo vivió como el jubileo del nacimiento de Jesucristo, pero a la vez como jubileo del origen del hombre, de la aparición del hombre en el cosmos, de su elevación y de su vocación. La Constitución *Gaudium et spes* dijo certeramente que el misterio del hombre se revela plenamente sólo en Cristo: «Realmente, el misterio del hombre sólo se esclarece en el misterio del Verbo encarnado. Pues Adán, el primer hombre, era figura del que había de venir, es decir, de Cristo, el Señor. Cristo, el nuevo Adán, en la misma revelación del misterio del Padre y de su amor, manifiesta plenamente el hombre al propio hombre y le descubre la grandeza de su vocación» (n. 22). A este respecto, san Pablo se expresa de este modo: «El primer hombre, Adán, se convirtió en ser vivo. El último Adán, en espíritu que da vida. El espíritu no fue lo primero: primero vino la vida y después el espíritu. El primer hombre, hecho de tierra, era terreno; el segundo hombre es del cielo. Pues igual que el terreno son los hombres terrenos; igual que el celestial son los hombres celestiales. Nosotros, que somos imagen del hombre terreno, seremos también imagen del hombre celestial» (*1 Co* 15, 45-49).

En esto consistió el significado esencial del Gran Jubileo. La recurrencia del año 2000 fue un acontecimiento importante no sólo para el cristianismo, sino también para toda la familia humana. La cuestión sobre el hombre, que la humanidad no cesa de plantearse, encuentra su plena respuesta en Jesucristo. Se puede decir que el Gran Jubileo del año 2000 fue a la vez el jubileo del nacimiento de Cristo y de la respuesta a la pregunta sobre el significado y el sentido del ser humano. Y esto tiene que ver con la memoria. La memoria de María y la de la Iglesia sirven, una vez más, para hacer que el hombre encuentre su identidad al filo de los dos milenios.

25. LA DIMENSIÓN VERTICAL DE LA HISTORIA DE EUROPA

Hemos llegado así a la pregunta crucial sobre el hombre y su destino: ¿Cómo se ha de concebir el sentido más profundo de la historia? ¿Es suficiente una interpretación que, al plantearse esta cuestión, quede restringida por los límites del tiempo y del espacio?

Como es obvio, la historia del hombre se desarrolla en la dimensión horizontal del espacio y del tiempo. Pero, al mismo tiempo, está como traspasada por una dimensión vertical. En efecto, la historia no está escrita únicamente por los hombres. Junto con ellos la escribe también Dios. La Ilustración se alejó decididamente de esta dimensión de la historia que podríamos llamar trascendente. En cambio, la Iglesia se refiere constantemente a ella. Un ejemplo elocuente en este sentido fue el Concilio Vaticano II.

¿Cómo escribe Dios la historia humana? La respuesta la ofrece la Biblia desde los primeros capítulos del libro del Génesis hasta las últimas páginas del libro del Apocalipsis. Dios se revela desde el principio de la historia del hombre como el Dios de la promesa. Es el Dios de Abraham, el gran patriarca, que, como dice san Pablo «creyó contra toda esperanza» (*Rm* 4, 18); aceptó sin vacilar la promesa de Dios, según la cual sería padre de una gran nación. Aparentemente, se trataba de una promesa inviable, porque era un hombre anciano y su mujer, Sara, también estaba entrada en años. En términos humanos, no parecía haber esperanza alguna de que tuvieran descendencia (cf. *Gn* 18, 11-14). Y, no obstante, trajeron al mundo un hijo. Se cumplió la promesa de Dios a Abraham (cf. *Gn* 21, 1-7). El niño nacido en la senectud recibe el nombre de Isaac y con él da comienzo la estirpe de Abraham, que crecería progresivamente hasta convertirse en una nación. Ésta es Israel, la nación escogida por Dios, y a la que Él confía las promesas mesiánicas. Toda la historia de Israel se desarrolla como el tiempo de la espera del cumplimento de esta promesa de Dios.

La promesa tiene un objetivo concreto: la «bendición» de Dios para Abraham y su descendencia. La conversación de Dios con él comienza con las palabras: «Haré de ti un gran pueblo, te bendeciré, haré famoso tu nombre, y será una bendición [...]. Con tu nombre se bendecirán todas las familias del mundo» (*Gn* 12, 2-3). Para comprender el alcance salvador de esta promesa hay que remontarse a los primeros capítulos del libro del Génesis y, en particular, al tercero, donde se narra el coloquio de Yahvé con los que fueron *dramatis personae* de la caída original. Dios pide cuentas de lo que han hecho, primero al varón y luego a la mujer. Y cuando el varón culpa a la esposa, a la mujer, ella señala a su vez al tentador (cf. *Gn* 3, 11-13). En efecto, de éste nació la instigación a transgredir la orden de Dios (cf. *Gn* 3, 1-5). Es interesante notar, no obstante, que la maldición misma que Dios dirigió a la serpiente contenía ya la promesa de un plan de salvación en el futuro. Dios maldice al espíritu maligno, que incita al pecado original de los primeros seres humanos, pero pronuncia al mismo tiempo palabras que contienen una primera promesa mesiánica: «Establezco hostilidades entre ti y la mujer, entre tu estirpe y la suya; ella te herirá en la cabeza cuando tú la hieras en el talón» (*Gn* 3, 15). Es un breve bosquejo en el que todo queda dicho. Está la promesa de salvación y se puede vislumbrar ya toda la historia de la humanidad, hasta el Apocalipsis: la mujer anunciada en el Protoevangelio aparece en las páginas del Apocalipsis vestida de sol y coronada con doce estrellas, mientras sobre ella se arrojaba el antiguo dragón queriendo devorar su descendencia (cf. *Ap* 12, 1-6).

Así pues, durará hasta el fin de los tiempos la lucha entre el bien y el mal, entre el pecado que la humanidad ha heredado de los primeros padres y la gracia salvadora traída por Cristo, el Hijo de María. En Él se cumplió la promesa hecha a Abraham y heredada por Israel. Con su venida comienzan los últimos tiempos, los tiempos del final escatológico. Dios, quien cumplió su promesa hecha a Abraham estableciendo la Alianza con Israel por medio de Moisés, en Cristo, su Hijo, abrió para toda la humanidad la perspectiva de la vida eterna más allá de los límites de esta historia sobre la tierra. Éste es el extraordinario destino del hombre: llamado a la dignidad de hijo adoptivo de Dios, acoge esta vocación en la fe y se compromete en la construcción del Reino en el que culminará finalmente la historia del género humano en la tierra.

A este respecto, me vienen a la mente algunos versos que escribí hace años, hablando sobre el hombre con el Hombre, el Verbo de Dios encarnado, el único en que la historia adquiere pleno sentido. Decía:

A Ti clamo, Hombre, te busco;
Hombre en quien la historia humana
puede encontrar su cuerpo.
Camino hacia Ti, y no digo «ven»,
sino simplemente «sé»;
sé allá donde no queda huella alguna,
pero donde el hombre estuvo,
fue alma, corazón, deseo, sufrimiento y voluntad,
consumido de sentimientos e inflamado
de la mayor vergüenza;
sé como el eterno Sismógrafo de lo invisible pero real.
¡Oh Hombre en quien se encuentran
el origen y el fin de cada hombre,
en cuya intimidad no hay pesadumbre,
ni penumbra, sino sólo corazón!
Hombre en el que cada hombre
puede encontrar el más profundo designio
y la raíz de sus propios hechos:
espejo de la vida y de la muerte contemplando
la corriente humana;
a Ti —Hombre— llego constantemente
vadeando el exiguo río de la historia,
caminando hacia cada corazón, cada pensamiento
(la historia, hacinamiento de los pensamientos
y las muertes de los corazones).
Busco tu Cuerpo para toda la historia,
busco tu profundidad. [8]

He aquí la respuesta a la pregunta esencial: el sentido más
hondo de la historia rebasa la historia y encuentra la plena expli-

cación en Cristo, Dios-Hombre. La esperanza cristiana supera los límites del tiempo. El Reino de Dios se inserta y se desarrolla en la historia humana, pero su meta es la vida futura. La humanidad está llamada a traspasar el confín de la muerte, e incluso de la sucesión misma de los siglos, para encontrar el refugio definitivo en la eternidad, al lado de Cristo glorioso y en la comunión trinitaria. «Esperaban seguros la inmortalidad» (*Sb* 3, 4).

EPÍLOGO

La última conversación tuvo lugar en el pequeño comedor del palacio pontificio de Castel Gandolfo. Participó también el secretario del Santo Padre, Monseñor Stanisl-aw Dziwisz.

26. «ALGUIEN DESVIÓ ESTA BALA»

¿Cómo se desarrollaron verdaderamente los hechos de aquel 13 de mayo de 1981? El atentado y todo lo que comportó, ¿no revelaron alguna verdad sobre el papado, tal vez olvidada? ¿No se podría leer en ellos un mensaje peculiar de su misión personal, Santo Padre? Usted visitó en la cárcel al autor del atentado y se encontró con él cara a cara. ¿Cómo ve hoy aquellos sucesos, después de tantos años? ¿Qué significado han tenido en su vida el atentado y los demás acontecimientos relacionados con él?

JUAN PABLO II: Todo esto ha sido una muestra de la gracia divina. Veo en ello una cierta analogía con la prueba a la que fue sometido el cardenal Wyszyn´ski durante su prisión. Sólo que la experiencia del primado de Polonia duró más de tres años, mientras que la mía fue más bien breve, apenas unos meses. Agca sabía cómo disparar y disparó ciertamente a dar. Pero fue como si alguien hubiera guiado y desviado esa bala...

STANISL-AW DZIWISZ: Agca tiró a matar. Aquel disparo debería haber sido mortal. La bala atravesó el cuerpo del Santo Padre, hiriéndolo en el vientre, en el codo derecho y en el dedo índice izquierdo. El proyectil cayó después entre el Papa y yo. Oí dos disparos más, y dos personas que estaban a nuestro lado cayeron heridas.

Pregunté al Santo Padre: «¿Dónde?» Contestó: «En el vientre». «¿Le duele?» «Duele.»

No había ningún médico cerca. No había tiempo para pensar. Trasladamos inmediatamente al Santo Padre a la ambulancia y a toda velocidad fuimos al Policlínico Gemelli. El Santo Padre iba rezando a media voz. Después, ya durante el trayecto, perdió el conocimiento.

Varios factores fueron decisivos para salvar su vida. Uno de ellos fue el tiempo, el tiempo empleado para llegar a la clínica: unos minutos más, un pequeño obstáculo en el camino, y hubiera llegado demasiado tarde. En todo esto se ve la mano de Dios. Todos los detalles lo indican.

JUAN PABLO II: Sí, me acuerdo de aquel traslado al hospital. Estuve consciente por poco tiempo. Tenía la sensación de que podría superar aquello. Estaba sufriendo, y esto me daba motivos para tener miedo, pero mantenía una extraña confianza.

Dije a don Stanisl-aw que perdonaba al agresor. Lo que pasó en el hospital, ya no lo recuerdo.

STANISL-AW DZIWISZ: Casi inmediatamente después de la llegada al policlínico llevaron al Santo Padre al quirófano. La situación era muy grave. Su organismo había perdido mucha sangre. La tensión arterial bajaba dramáticamente, el latido del corazón apenas era perceptible. Los médicos me sugirieron que administrara la Unción de los Enfermos al Santo Padre. Lo hice de inmediato.

JUAN PABLO II: Prácticamente estaba ya del otro lado.

STANISL-AW DZIWISZ: Después hicieron al Santo Padre una transfusión de sangre.

JUAN PABLO II: Las complicaciones posteriores y el retardo en todo el proceso de restablecimiento fueron, después de todo, consecuencias de aquella transfusión.

STANISL-AW DZIWISZ: El organismo rechazó la primera sangre. Pero se encontraron médicos del mismo hospital que donaron su propia sangre para el Santo Padre. Esta segunda transfusión tuvo éxito. Los médicos hicieron la operación sin muchas esperanzas de que el paciente sobreviviera. Como es comprensible, no se preocuparon para nada del dedo índice traspasado por la bala. Me dijeron: «Si sobrevive, ya se hará algo después para resolver este problema». En realidad, la herida del dedo cicatrizó sola, sin ninguna intervención particular.

Después de la operación, llevaron al Santo Padre a la sala de reanimación. Los médicos temían una infección que, en aquella situación, podía ser fatal. Algunos órganos internos del Santo Padre estaban gravemente afectados. La operación fue muy difícil. Pero, finalmente, todo cicatrizó perfectamente y sin complicaciones, aunque todos saben que éstas son frecuentes tras una intervención tan compleja.

JUAN PABLO II: En Roma el Papa moribundo, en Polonia el luto... En mi Cracovia, los estudiantes organizaron una manifestación: la «marcha blanca».[1] Cuando fui a Polonia, dije: He venido para agradeceros la «marcha blanca». Estuve también en Fátima para dar gracias a la Virgen.

¡Dios mío! Esto fue una dura experiencia. Me desperté sólo al día siguiente, hacia el mediodía. Y dije a don Stanisl-aw: «Anoche no recé Completas».

STANISL-AW DZIWISZ: Para ser más exactos, Usted, Santo Padre, me preguntó: «¿He rezado ya Completas?» Porque pensaba que todavía era el día anterior.

JUAN PABLO II: No me daba cuenta alguna de todo lo que sabía don Stanisl-aw. No me decían que la situación era tan grave. Además, había estado inconsciente durante bastante tiempo.

Al despertar, me hallaba incluso de bastante buen ánimo. Por lo menos al principio.

STANISL-AW DZIWISZ: Los tres días siguientes fueron terribles. El Santo Padre sufría muchísimo. Porque tenía drenajes y cortes por todos los lados. No obstante, la convalecencia seguía un proceso muy rápido. A comienzos de junio, el Santo Padre volvió a casa. Ni siquiera tuvo que seguir una dieta especial.

JUAN PABLO II: Como se ve, mi organismo es bastante fuerte.

STANISL-AW DZIWISZ: Algo más tarde, el organismo fue atacado por un virus peligroso, como consecuencia de la primera transfusión o tal vez del agotamiento general. Se había suministrado al Santo Padre una enorme cantidad de antibióticos para protegerlo de la infección. Pero eso redujo notablemente sus defensas inmunológicas. Comenzó a desarrollarse así otra enfermedad. El Santo Padre fue llevado de nuevo al hospital.

Gracias a una terapia intensiva, su estado de salud mejoró de tal manera que los médicos estimaron que se podía acometer una nueva operación para completar las intervenciones quirúrgicas realizadas el día del atentado. El Santo Padre escogió el 5 de agosto, el día de Nuestra Señora de las Nieves, que en el calendario litúrgico figura como el día de la Dedicación de la Basílica de Santa María la Mayor.

También aquella segunda fase fue superada. El 13 de septiembre, tres meses después del atentado, los médicos emitieron un comunicado en el que informaban de la conclusión de los cuidados clínicos. El paciente pudo regresar definitivamente a casa.

Cinco meses después del atentado, el Papa volvió a asomarse a la plaza de San Pedro para recibir de nuevo a los fieles. No demostraba sombra alguna de temor ni de estrés, por más que los médicos hubieran advertido de esta posibilidad. Dijo entonces: «Y de nuevo me he hecho deudor de la Santísima Virgen y de todos los santos Patronos. ¿Podría olvidar que el evento en la plaza de San Pedro tuvo lugar el día y a la hora en que, hace más de sesenta años, se recuerda en Fátima, Portugal, la primera aparición de la Madre de Cristo a los pobres niños campesinos? Porque, en todo lo que me ha sucedido precisamente ese día, he notado la extraordinaria materna protección y solicitud, que se ha manifestado más fuerte que el proyectil mortífero».

JUAN PABLO II: Durante la Navidad de 1983 visité al autor del atentado en la cárcel. Conversamos largamente. Alí Agca, como dicen todos, es un asesino profesional. Esto significa que el atentado no fue iniciativa suya, sino que algún otro lo proyectó, algún otro se lo encargó. Durante toda la conversación se vio claramente que Alí Agca continuaba preguntándose cómo era posible que no le saliera bien el atentado. Porque había hecho todo lo que tenía que hacer, cuidando hasta el último detalle. Y, sin embargo, la víctima designada escapó de la muerte. ¿Cómo podía ser?

Lo interesante es que esta inquietud lo había llevado al ámbito religioso. Se preguntaba qué ocurría con aquel misterio de Fátima y en qué consistía dicho secreto. Lo que más le interesaba era esto; lo que, por encima de todo, quería saber. Mediante aquellas preguntas insistentes, tal vez manifestaba haber percibido lo que era verdaderamente importante. Alí Agca había intuido probablemente que, por encima de su poder, el poder de disparar y de matar, había una fuerza superior. Y, entonces, había comenzado a buscarla. Espero que la haya encontrado.

STANISL-AW DZIWISZ: Considero un don del cielo el milagroso retorno del Santo Padre a la vida y a la salud. El atentado, en su aspecto humano, sigue siendo un misterio. No lo ha aclarado ni el proceso, ni la larga reclusión en cárcel del agresor. Fui testigo de la visita del Santo Padre a Alí Agca en la cárcel. El Papa lo había perdonado públicamente ya en su primera alocución después del atentado. En cuanto al prisionero, nunca le he oído pronunciar las palabras: «Pido perdón». Le interesaba únicamente el secreto de Fátima. El Santo Padre recibió varias veces a la madre y los familiares del ejecutor, y con frecuencia preguntaba por él a los capellanes del instituto penitenciario.

En el aspecto divino, el misterio consiste en todo el desarrollo de este acontecimiento dramático, que debilitó la salud y las fuerzas del Santo Padre, pero que en modo alguno aminoró la eficacia y fecundidad de su ministerio apostólico en la Iglesia y en el mundo.

Pienso que no es ninguna exageración aplicar en este caso el dicho: *Sanguis martyrum semen christianorum.* [2] Tal vez había necesidad de esta sangre en la plaza de San Pedro, en el lugar del martirio de muchos de los primeros cristianos.

El primer fruto de esta sangre fue sin duda la unión de toda la Iglesia en la gran oración por la salud del Papa. Durante toda la noche después del atentado, los peregrinos venidos para la audiencia general y una creciente multitud de romanos rezaban en la plaza de San Pedro. Los días sucesivos, en las catedrales, iglesias y capillas de todo el mundo, se celebraron misas y se elevaron plegarias por la recuperación del Papa. El mismo Santo Padre decía a este respecto: «Me resulta difícil pensar en esto sin emoción. Sin una profunda gratitud para todos. Hacia todos los que el día 13 de mayo se reunieron en oración. Y hacia todos los que han perseverado en ella durante este tiempo [...]. Estoy agradecido a Cristo Señor y al Espíritu Santo, el cual, mediante este evento, que tuvo lugar en la plaza de San Pedro el día 13 de mayo a las 17.17, ha inspirado a tantos corazones para la oración común. Y, al pensar en esta gran oración, no puedo olvidar las palabras de los Hechos de los Apóstoles que se refieren a Pedro: "La Iglesia oraba insistentemente a Dios por él" (*Hch* 12, 5)».[3]

JUAN PABLO II: Vivo constantemente convencido de que en todo lo que digo y hago en cumplimiento de mi vocación y misión, de mi ministerio, hay algo que no sólo es iniciativa mía. Sé que no soy el único en lo que hago como Sucesor de Pedro.

Pensemos, por ejemplo, en el sistema comunista. Ya he dicho precedentemente que su caída se debió principalmente a los defectos de su doctrina económica. Pero quedarse únicamente en los factores económicos sería una simplificación más bien ingenua. Por otro lado, también sé que sería ridículo considerar al Papa como el que derribó con sus manos el comunismo.

Pienso que la explicación se halla en el Evangelio. Cuando los primeros discípulos enviados en misión vuelven a Cristo, dicen:

«Hasta los demonios se nos someten en tu nombre» (*Lc* 10, 17).
Cristo les contesta: «No estéis alegres porque se os someten los
espíritus; estad alegres porque vuestros nombres están inscritos
en el cielo» (*Lc* 10, 20). Y en otra ocasión añade: «Decid: "Somos
unos pobres siervos, hemos hecho lo que teníamos que hacer"»
(*Lc* 17, 10).

Siervos inútiles... La conciencia del «siervo inútil» crece en mí
en medio de todo lo que ocurre a mi alrededor, y pienso que me
va bien así.

Volvamos al atentado: creo que haya sido una de las últimas
convulsiones de las ideologías de las prepotencias surgidas en el
siglo XX. El fascismo y el hitlerismo propugnaban la imposición
por la fuerza, al igual que el comunismo. Una imposición similar
se ha desarrollado en Italia con las Brigadas Rojas, asesinando a
personas inocentes y honestas.

Al leer de nuevo hoy, después de algunos años, la transcrip-
ción de las conversaciones grabadas entonces, noto que las
manifestaciones de los «años de plomo» se han atenuado notablemente. No obstante, en este último período se han extendido en
el mundo las llamadas «redes del terror», que son una amenaza
constante para millones de inocentes. Se ha tenido una impresionante confirmación en la destrucción de las Torres Gemelas de
Nueva York (11 septiembre 2001), en el atentado en la Estación de
Atocha en Madrid (11 marzo 2004) y en la masacre de Beslan en
Osetia (1-3 septiembre 2004). ¿Dónde nos llevarán estas nuevas
erupciones de violencia?

La caída del nazismo, primero, y después de la Unión Soviética, es la confirmación de una derrota. Ha mostrado toda la
insensatez de la violencia a gran escala, que había sido teorizada y
puesta en práctica por dichos sistemas. ¿Querrán los hombres

tomar nota de las dramáticas lecciones que la historia les ha dado? O, por el contrario, ¿cederán ante las pasiones que anidan en el alma, dejándose llevar una vez más por las insidias nefastas de la violencia?

El creyente sabe que la presencia del mal está siempre acompañada por la presencia del bien, de la gracia. San Pablo escribió: «No hay proporción entre la culpa y el don: si por la culpa de uno murieron todos, mucho más, gracias a un solo hombre, Jesucristo, la benevolencia y el don de Dios desbordaron sobre todos» (*Rm* 5, 15). Estas palabras siguen siendo actuales en nuestros días. La Redención continúa. Donde crece el mal, crece también la esperanza del bien. En nuestros tiempos, el mal ha crecido desmesuradamente, sirviéndose de los sistemas perversos que han practicado a gran escala la violencia y la prepotencia. No me refiero ahora al mal cometido individualmente por los hombres movidos por objetivos o motivos personales. El del siglo XX no fue un mal en edición reducida, «artesanal», por llamarlo así. Fue el mal en proporciones gigantescas, un mal que ha usado las estructuras estatales mismas para llevar a cabo su funesto cometido, un mal erigido en sistema.

Pero, al mismo tiempo, la gracia de Dios se ha manifestado con riqueza sobreabundante. No existe mal del que Dios no pueda obtener un bien más grande. No hay sufrimiento que no sepa convertir en camino que conduce a Él. Al ofrecerse libremente a la pasión y a la muerte en la Cruz, el Hijo de Dios asumió todo el mal del pecado. El sufrimiento de Dios crucificado no es sólo una forma de dolor entre otros, un dolor más o menos grande, sino un sufrimiento incomparable. Cristo, padeciendo por todos nosotros, ha dado al sufrimiento un nuevo sentido, lo ha introducido en una nueva dimensión, en otro orden: en el orden del amor. Es verdad que el sufrimiento entra en la historia del hombre con el pecado original. El pecado es ese «aguijón» (cf. 1 *Co* 15, 55-56) que causa dolor e hiere a muerte la existencia humana. Pero la pasión de Cristo en la cruz ha dado un sentido totalmente nuevo al sufrimiento y lo ha transformado desde dentro. Ha introducido en la historia humana, que es una historia de pecado, el sufrimiento sin culpa, el sufrimiento afrontado exclusivamente por amor. Es el sufrimiento que abre la puerta a la esperanza de la liberación, de la eliminación definitiva del «aguijón» que desgarra la humanidad. Es el sufrimiento que destruye y consume el mal con el fuego del amor, y aprovecha incluso el pecado para múltiples brotes de bien.

Todo sufrimiento humano, todo dolor, toda enfermedad, encierra en sí una promesa de liberación, una promesa de la alegría: «Me alegro de sufrir por vosotros», escribe san Pablo (*Col* 1, 24). Esto se refiere a todo sufrimiento causado por el mal, y es válido también para el enorme mal social y político que estremece el mundo y lo divide: el mal de las guerras, de la opresión de las personas y los pueblos; el mal de la injusticia social, del desprecio de la dignidad humana, de la discriminación racial y religiosa; el mal de la violencia, del terrorismo y de la carrera de armamentos. Todo este sufrimiento existe en el mundo también para despertar en nosotros el amor, que es la entrega de sí mismo al servicio generoso y desinteresado de los que se ven afectados por el sufrimiento.

En el amor, que tiene su fuente en el Corazón de Jesús, está la esperanza del futuro del mundo. Cristo es el Redentor del mundo: «Nuestro castigo saludable vino sobre él, sus cicatrices nos curaron» (*Is* 53, 5).

NOTAS

La fuerza que limita el mal

1. San Agustín, *De civitate Dei*, XIV, 28.

2. Cf. Konstanty Michalski, *Miedzy heroizmen a bestilstwem (Entre el heroísmo y la bestialidad)*, Czestochowa, 1984.

3. Johann Wolfgang von Goethe, *Fausto*, primera parte, escena III, «Estudio».

4. *Gaudium et spes*, 37.

Libertad y responsabilidad

1. Immanuel Kant, *Grundlegung zur Metaphisik der Sitten*, en *Werke*, IV, Darmstadt, 1956, 51.

2. *Ibíd.*, 61.

Pensando «patria» (Patria—Nación—Estado)

1. *Promethidion. Rzecz w dwóch dialogach z epilogem*, en Cyprian Norwid, Pisma wszystkie, v. 3: *Poematy*, Warszawa 1971, p. 440.

2. La dinastía de los Piast reinó de 960 a 1379. Fue la primera dinastía polaca, pero sólo a partir del siglo XVII se la conoce con este nombre.

3. La Rus' de Kiev era inicialmente (finales del siglo IX) una agregación de principados eslavos en torno al príncipe mayor de Kiev. Progresivamente, la Rus' se extendió sobre un territorio que desde Kiev, al sur, llegaba hasta Novgorod, al norte. Desde los primeros años del siglo X hay documentos que demuestran contactos comerciales con el mundo bizantino. Sucesivamente se desarrollaron también contactos culturales, gracias a los cuales se hicieron posibles las primeras predicaciones

cristianas en el territorio de Kiev. Con el bautismo del príncipe Vladimiro se favoreció la cristianización sistemática del principado, que se convirtió en el centro de difusión del Evangelio en gran parte del mundo eslavo.

4. Stanisl-aw Wyspian´ski, *Wyzwolenie*, en *Sziel-a zebrate*, v. 5, Kraków, 1959, p. 58.

5. *Lumen gentium*, 13.

6. Cf. Juan Pablo II «Cuando pienso en la patria», en *Poesías*, Madrid, 1982, p. 123. Los versos citados se han vuelto a traducir para esta edición.

7. *Ibíd.*, pp. 126, 129, 130.

8. Fundada en 1190 por mercantes y peregrinos alemanes durante el asedio de Acre en la tercera cruzada, se llamaba originalmente Orden de los Hermanos del Hospital de Santa María de los Teutones. En 1198 se convirtió en Orden militar, cuyos miembros, todos aristócratas, hacían voto de pobreza, castidad y obediencia. En el siglo XIII, la Orden se expandió en Europa, distinguiéndose en la lucha contra los mongoles en Hungría (1211-1225) y los eslavos paganos de Europa nororiental. Sucesivamente formó un propio Estado monástico militar, Prusia, un territorio comprendido entre el Báltico, y los ríos Oder y Neva. La expansión de los caballeros teutónicos hacia el este se interrumpió con su derrota en 1240 ante el ejército de Aleksandr Nevskij. Más tarde, la derrota ante las fuerzas polacas y lituanas en la batalla de Grunwald, en 1410, fue decisiva y marcó su declive definitivo.

9. Juan Pablo II, Discurso a la Unesco, 2-6-980, nn. 6, 7, 14, en *L'Osservatore Romano*, ed. en lengua española, 15 junio 1980, pp. 11-12.

10. La dinastía de los Jagellones reinó en Polonia (1386-1572) y también en ciertos períodos en Lituania, Hungría y Bohemia. Recibe el nombre de Ladislao Jagellón (1350-1434), gran duque de Lituania, que se casó con Euduvigis, reina de Polonia, favoreciendo así la conversión de Lituania al cristianismo y contribuyendo a la unión de este país con Polonia.

Pensando «Europa» (Polonia—Europa—Iglesia)

1. Cf. Blaise Pascal, *Pensées*, Ed. Brunschvicg, p. 347.

2. El 3 de mayo de 1791, la «Dieta de los Cuatro Años» promulgó una Constitución que, de hecho, fue la primera escrita en toda Europa.

3. *Gaudium et spes*, 22.

4. *Ibíd.*

5. Cf. *Lumen gentium*, 8; *Gaudium et spes*, 43; *Unitatis redintegratio*, 6.

6. *Gaudium et spes*, 2.

Democracia: posibilidades y riesgos

1. Santo Tomas de Aquino, *Summa Theologica*, I-II, q. 90, art. 4.

2. La hazaña tuvo un precio muy alto: la ciudad de Legnica fue destruida totalmente por los mongoles que, no obstante, optaron por retirarse.

3. Se alude al libelo de Johannes Falkenburg, *Satira*, en el que se defendía a la Orden Teutónica en tono un tanto polémico contra el rey de Polonia. El escrito fue condenado como sospechoso de herejía.

4. Jasna Góra (en latín *Clarus mons*) está considerado como el «santuario de la nación» porque los polacos, en los tiempos de guerra o de ocupación extranjera, han encontrado siempre luz en el icono de la Virgen Negra que en él se venera. Ya en el siglo XV era el santuario más visitado de toda Polonia. En los tiempos de la invasión de los suecos (1655), que pasó a la historia con el nombre de «diluvio», el claustro del santuario se convirtió en un fortín que el invasor no pudo conquistar. El pueblo interpretó este acontecimiento como una promesa de victoria en las diversas vicisitudes negativas de su historia (cf. Juan Pablo II, *¡Levantaos, vamos!*, Barcelona, 2004, p. 55).

5. El *liberum veto* consistía en el derecho de cada miembro del Parlamento (*Sejm*) de oponerse, anulándola, a una ley e incluso a todos los actos realizados durante una sesión legislativa. Según el derecho tradicional, todos los nobles polacos eran políticamente iguales y cualquier ley parlamentaria debía ser aprobada por unanimidad. El *liberum veto*, usado por vez primera el 1652, fue practicado cada vez más en los años sucesivos, hasta llegar a paralizar el sistema político polaco. Tras diversos intentos, fue finalmente suprimido con la Constitución del 3 de mayo de 1791.

6. Cf. *supra*, n. 2 en *Pensando «Europa»*.

7. *Lumen gentium*, 63.

8. Juan Pablo II, «Vigilia de Pascua 1966», en *Poesías*, Madrid, 1982, p. 110. Los versos citados se han vuelto a traducir para esta edición.

Epílogo

1. Se refiere a la marcha que tuvo lugar en Cracovia el domingo siguiente al atentado. En ella participaron decenas de miles de estudiantes y ciudadanos vestidos de blanco, para simbolizar su oposición a las tinieblas del mal y de la violencia. Desde la explanada de Bl-onia, la manifestación marchó en silencio por las calles Trzesch Wieszczów, Karmelicka y Szewska hasta la plaza del Mercado (Rynek), donde, a las 12 horas, el cardenal Franciszek Macharski, arzobispo de Cracovia, celebró la Santa Misa.

2. La sangre de los mártires es semilla de cristianos.

3. *Catequesis* en la Audiencia General del 7 octubre 1981, 5: *L'Osservatore Romano*, ed. en lengua española, 11 octubre 1981, p. 3.